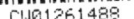

Histórias do Mundo A1

Ana Sousa Martins
Ana Paula Gonçalves

Ilustrações:
Sofia Alcântara

EMPRESA PROMOTORA
DA LÍNGUA PORTUGUESA

LIDEL

EMPRESA PROMOTORA
DA LÍNGUA PORTUGUESA

A **Lidel** adquiriu este estatuto através da assinatura de um protocolo com o **Camões – Instituto da Cooperação e da Língua**, que visa destacar um conjunto de entidades que contribuem para a promoção internacional da língua portuguesa.

Edição e Distribuição
Lidel – Edições Técnicas, Lda.
Rua D. Estefânia, 183, r/c Dto – 1049-057 Lisboa
Tel: +351 213 541 418
lidel@lidel.pt
Projetos de edição: editoriais@lidel.pt
www.lidel.pt

Livraria
Av. Praia da Vitória, 14 A – 1000-247 Lisboa
Tel: +351 213 511 448
livraria@lidel.pt

Copyright © 2022, Lidel – Edições Técnicas, Lda.
ISBN edição impressa: 978-989-752-781-4
1.ª edição impressa: julho de 2022

Layout e Paginação: Pedro Santos
Impressão e acabamento: Tipografia Lousanense, Lda.
Dep. Legal: 500992/22

Capa: Ângela Espinha

Ilustrações: Sofia Alcântara

Faixas Áudio
Voz: Ana Conceição Vieira
Execução Técnica: Emanuel Lima
℗&© 2022 - Lidel
Ⓛ SPA
Todos os direitos reservados

Todos os nossos livros passam por um rigoroso controlo de qualidade, no entanto, aconselhamos a consulta periódica do nosso *site* (www.lidel.pt) para fazer o *download* de eventuais correções.
Não nos responsabilizamos por desatualizações das hiperligações presentes nesta obra, que foram verificadas à data de publicação da mesma.
Os nomes comerciais referenciados neste livro têm patente registada.

SEJA ORIGINAL!
DIGA NÃO
À CÓPIA
RESPEITE OS DIREITOS DE AUTOR

Reservados todos os direitos. Esta publicação não pode ser reproduzida, nem transmitida, no todo ou em parte, por qualquer processo eletrónico, mecânico, fotocópia, digitalização, gravação, sistema de armazenamento e disponibilização de informação, sítio *Web*, blogue ou outros, sem prévia autorização escrita da Editora, exceto o permitido pelo CDADC, em termos de cópia privada pela AGECOP – Associação para a Gestão da Cópia Privada, através do pagamento das respetivas taxas.

Índice

Introdução		5
1.	O gato das botas	8
	Exercícios	11
2.	A princesa e a ervilha	13
	Exercícios	15
3.	O rei vai nu	17
	Exercícios	21
4.	A Branca de Neve	24
	Exercícios	30
5.	Aladim e a lâmpada mágica	33
	Exercícios	41
6.	Ali Babá e os quarenta ladrões	44
	Exercícios	52
7.	Cinderela e o sapatinho de cristal	56
	Exercícios	60
8.	João e o pé de feijão	62
	Exercícios	67
9.	O flautista de Hamelin	69
	Exercícios	73
10.	A Bela e o Monstro	75
	Exercícios	86

11.	A galinha ruiva	89
	Exercícios	92
12.	A Capuchinho Vermelho	95
	Exercícios	99
13.	O patinho feio	101
	Exercícios	107
14.	O príncipe sapo	110
	Exercícios	115
15.	Hansel e Gretel	118
	Exercícios	127
16.	A história da Carochinha	130
	Exercícios	135
17.	Dom Caio	137
	Exercícios	140

Soluções dos exercícios	143
Glossário	149

Introdução

Este é o primeiro livro de uma série de três, da coleção *Histórias do Mundo*. Cada livro é dedicado a um nível de proficiência: A1, A2 e B1. Isto quer dizer que as histórias do presente livro (para A1) são as mais simples.

A principal característica de um texto simples é o uso do **vocabulário mais comum**. *Histórias do Mundo A1* contém as **1000 palavras** mais comuns do português. Muitas destas palavras, o aluno de A1 já conhece: são palavras gramaticais (artigos, preposições, pronomes, etc.), números ou palavras relativas às experiências do nosso dia a dia (roupa, comida, trabalho, alimentação, por exemplo). Há também um conjunto muito reduzido de palavras e expressões que pertencem ao próprio universo de referência das histórias: *faisão, castelo, fazer vénia, madrasta, ogre, feitiço, génio, carruagem, proa, ébano, criado,* etc.

As palavras que não são conhecidas do aluno A1 aparecem **explicadas na margem do livro** através de pequenas ilustrações ou através de uma pequena frase ou sinónimo. Estas palavras são explicadas apenas uma vez – a primeira vez em que são usadas no texto. Por isso, recomenda-se **ler as histórias pela ordem por que aparecem**.

No fim do livro, há um **glossário**, organizado por ordem alfabética. Neste glossário, os significados das palavras são novamente explicados e é também indicado o número das páginas do livro em que as palavras apareceram.

Para o aluno aprender vocabulário novo é vantajoso que o encontre **várias vezes ao longo do texto**. E é isso mesmo que acontece neste livro.

Como as histórias são histórias tradicionais, há sempre situações que se **repetem** de uns textos para os outros: há *promessas* que (não) são *cumpridas*; há *perigos* e *sustos de morte* que fazem os personagens ficar *espantados*, outros *perdem-se* por *caminhos* de *florestas escuras*; há sempre aqueles *espertos* que conseguem *fingir* e *enganar* os *tolos*, sem falar nos *vaidosos*, *preguiçosos* e *invejosos* que recebem, no fim de tudo, o *castigo* merecido.

Para que um texto seja simples é também preciso que tenha uma **gramática simples**. Por isso, neste livro, as frases são quase sempre curtas e, no geral, apresentam a ordenação normal dos seus constituintes. Quando isso não acontece é porque os personagens estão a falar uns com os outros numa linguagem espontânea e coloquial. É necessário, no entanto, o aluno já conhecer, pelo menos, as formas de pretérito de alguns verbos, pois, como todos os textos do livro são textos narrativos, os tempos verbais têm de ser os tempos do passado.

A seguir a cada história vem um conjunto de pequenos **exercícios** (com **soluções** no final). Com estes exercícios, o aluno pode aplicar o vocabulário recém-aprendido através da leitura da história e também reler estruturas frásicas iguais ou semelhantes às que aparecem no texto. Há exercícios muito fáceis, apenas para o aluno repetir e memorizar palavras (a sua forma e o seu sentido), e há exercícios mais difíceis, que exigem a releitura de partes do texto e também algum trabalho de inferência. Este tipo de exercícios é especialmente destinado àqueles alunos que gostam de desafios.

Ler é importante, mas **ouvir** também. E as duas coisas combinadas são o ideal. Por isso, este livro (e os outros desta coleção) vêm acompanhados da **versão áudio** correspondente. Nesse áudio, o aluno pode ouvir a leitura de cada conto feita por um locutor profissional. O áudio inclui também um conjunto de pequenos textos lidos que são o ponto de partida para responder a algumas perguntas de cada secção de exercícios.

A leitura de *Histórias do Mundo* tem por objetivo principal incentivar o aluno a desenvolver a sua proficiência através da **leitura extensiva**. Em casa, em viagem, numa fila para um concerto, o aluno pode ler e/ou ouvir facilmente estas histórias e assim prolongar o tempo de exposição à língua. A propósito, é recomendável que o aluno leia e ouça as histórias mais do que uma vez. Porém, isso não quer dizer que o livro não possa ser usado também em **sala de aula**. Justamente porque é um livro constituído de vários textos independentes, o professor pode aproveitar a pré-leitura que os seus alunos fazem em casa e, depois, na aula, trabalhar de um modo segmentado e **intensivo** aspetos de gramática e vocabulário e explorar os exercícios propostos no final de cada conto. Na verdade, os livros desta coleção foram concebidos tanto para servirem o **estudo autónomo**, como para apoiarem o **ensino de português em sala de aula**.

Histórias do Mundo A1 são adaptações baseadas nas histórias da cultura popular de vários povos e certamente irão interessar crianças e adultos que se encontrem a aprender português ainda num nível inicial. Muitos destes contos o leitor já conhece e, por isso, ele será sempre capaz de compreender o enquadramento geral da ação.

Boas leituras!

1. O gato das botas

[1] Burro

[2] Espantado: quando acontece alguma coisa de que não estamos à espera, ficamos espantados ou admirados.

[3] Caçar: apanhar e matar animais da selva ou da floresta.

[4] Coelho

[5] Palácio

Era uma vez um homem que tinha três filhos. O homem não era rico, mas tinha uma casa, um burro[1] e um… gato.

Quando o homem morreu, o filho mais velho ficou com a casa. O filho do meio ficou com o burro. O filho mais novo ficou com o gato.

— Oh! Para que serve um gato? O que é que eu vou fazer só com um gato? — disse o rapaz, muito triste.

De repente, o rapaz ouviu uma voz. Era a voz do gato!

— Não fiques triste, patrãozinho! Dá-me umas botas e um saco e vais ver que a tua vida vai melhorar.

O rapaz ficou muito espantado[2], mas arranjou-lhe as botas e o saco. O gato calçou as botas e pôs o saco às costas. Depois, foi-se embora, para a floresta.

Quando chegou à floresta, caçou[3] um coelho[4]. Era um coelho grande e gordo. O gato meteu o coelho no saco e foi para o palácio[5] do rei.

*Ficheiros áudio disponíveis em www.lidel.pt/pt/download-conteudos/, até o livro se esgotar ou ser publicada nova edição atualizada ou com alterações.

À porta do palácio estava um guarda[6]. O gato disse-lhe:
— Quero falar com o rei!
Quando chegou à frente do rei, o gato fez uma vénia[7] e disse:
— Majestade, este é um presente[8] do meu dono, o Marquês de Carabás.
O rei agradeceu[9] o presente.
No dia seguinte, o gato voltou ao palácio. Desta vez, levava-lhe dois faisões[10]. E mais uma vez disse ao rei que era um presente do Marquês de Carabás.
E todos os dias o gato levava presentes destes ao rei. O rei estava muito feliz com os presentes.
Um dia, o rei foi passear com a filha na sua carruagem[11]. Quando o gato viu ao longe a carruagem do rei, correu para casa depressa. Chegou a casa e chamou o rapaz:
— Patrãozinho! Vem aí o rei! Despe-te[12] e salta para o rio!
O rapaz assim fez. Quando a carruagem do rei passou perto do rio, o gato começou a gritar muito alto:
— Socorro! Socorro! O meu dono, o Marquês de Carabás, está a afogar-se[13]! Socorro!
Quando o rei ouviu falar em Marquês de Carabás, mandou parar a carruagem. O gato foi a correr para a carruagem e disse ao rei:
— Majestade! Que desgraça! Os ladrões roubaram o meu dono. Roubaram-lhe as roupas e atiraram-no ao rio! Que desgraça!
O rei levou então o rapaz para o palácio.

[6] Guarda do palácio

[7] Fazer uma vénia

[8] Presente

[9] Agradecer: dizer «obrigado»

[10] Faisão

[11] Carruagem

[12] Despir-se: tirar a roupa.

[13] Afogar-se

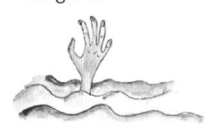

No palácio, o rei deu ao rapaz uma roupa nova. Agora, o rapaz parecia um verdadeiro marquês!

Entretanto, o gato saiu do palácio e foi ao castelo de um ogre[14] que vivia ali perto. Este ogre tinha poderes mágicos. O gato começou a conversar com ele:

— É verdade que consegues transformar-te num animal qualquer? — perguntou o gato.

— Sim, é verdade! — respondeu o ogre —, e nesse momento transformou-se num fantástico leão.

— Ah! Muito bem! — disse o gato. — E também te consegues transformar num animal muito pequenino?

— Isso ainda é mais fácil! — disse o ogre, e transformou-se logo num pequeno rato.

Quando o ogre se transformou em rato, o gato caçou-o e comeu-o.

Depois, o gato foi à cozinha e viu que o ogre estava a preparar um jantar especial.

Então, o gato foi ao palácio do rei e convidou toda a gente para jantar no castelo. A seguir, voltou a correr para o castelo, para acabar de preparar o jantar.

Quando chegou a hora de jantar, o rei, a princesa e o rapaz foram para o castelo. O gato abriu-lhes a porta e fez uma vénia.

Durante o jantar, a princesa apaixonou-se pelo rapaz.

Passado pouco tempo, o rapaz e a princesa casaram-se. Tiveram muito filhos e foram felizes para sempre.

E tudo por causa de um gato. Um gato muito esperto.

[14] Ogre

Exercícios

1. Ouve o texto.

Preenche os espaços com uma das opções.

a) O gato era muito _____ (verdadeiro/esperto/pequenino).

b) O rapaz era o _____ (caçador/dono/ogre) do gato.

c) O rei casou a sua filha com o rapaz. Por isso, o rapaz tornou-se _____ (marquês/rei/príncipe).

2. Liga cada palavra à expressão sinónima.

a) palácio
b) guarda
c) faisão
d) carruagem
e) ogre

(1) carro puxado por cavalos
(2) gigante muito feio
(3) casa muito grande onde vive o rei
(4) homem que protege o rei
(5) ave, pássaro

3. Completa as frases. Assinala com uma cruz (X) a opção certa.

a) *Quando o pai morreu, quem ficou com o gato foi*

☐ o filho mais velho.
☐ o filho do meio.
☐ o filho mais novo.

b) *O dono do gato ficou espantado quando o gato*

☐ lhe pediu umas botas.
☐ começou a falar.
☐ caçou um coelho.

c) *O gato pediu ao dono:*

☐ roupa.
☐ calçado.
☐ comida.

4. O gato é caçador. Escreve o nome dos dois animais que ele caçou na floresta.

   _____   _____

5. Preenche os espaços com palavras abaixo.

   (animais) (gato) (rei) (palácio)

   Todos os dias, o _____ (1) caçava animais na floresta. Depois ia ao _____ (2) oferecê-los ao rei. O gato dizia ao rei que os _____ (3) eram presentes que seu dono lhe enviava. O _____ (4) gostava muito dos presentes que o gato lhe levava.

6. O gato diz umas coisas que são verdade e outras que são mentira.

   Escreve as palavras VERDADE ou MENTIRA.

   a) — «Vais ter uma vida melhor!» _____
   b) — «Majestade, este é um presente do meu dono, o Marquês de Carabás.» _____
   c) — «Patrãozinho! Vem aí o rei!» _____
   d) — «O meu dono está a afogar-se!» _____
   e) — «Os ladrões roubaram-lhe as roupas e atiraram-no ao rio!» _____ .

7. Ordena as frases de acordo com a história. Escreve os números de 2 a 6.

   a) O gato comeu o rato. ☐
   b) O ogre transformou-se num leão. ☐
   c) No fim do jantar, a princesa já estava apaixonada pelo rapaz. ☐
   d) O gato entrou no castelo do ogre. [1]
   e) O ogre transformou-se num rato ☐
   f) O gato convidou o rei para jantar no castelo. ☐

2. A princesa e a ervilha

Era uma vez um príncipe. Este príncipe vivia num palácio com os seus pais, o rei e a rainha. Ele tinha uma vida boa. Andava a cavalo, caçava, pescava[1], mas não era completamente feliz. Ele precisava de se casar. E para se casar, precisava de encontrar uma princesa.

O príncipe conhecia várias princesas dos reinos ali à volta, mas não gostava de nenhuma. Nenhuma lhe parecia uma verdadeira princesa.

Um dia, o príncipe disse ao rei, seu pai:

— Pai, vou viajar pelo mundo. Volto quando encontrar uma verdadeira princesa.

E assim fez. O príncipe viajou por muitas cidades, à chuva e ao vento. E conheceu muitas princesas, mas

[1] Pescar: apanhar peixes no rio ou no mar.

nenhuma delas era a especial, a certa, a verdadeira.

Passado um ano, o príncipe voltou ao palácio, triste e sozinho. Sem princesa.

O tempo passou.

Certa noite, caiu uma tempestade muito forte, com muita chuva e trovões[2].

Em frente ao palácio do príncipe, passou uma carruagem. Dentro da carruagem, ia uma princesa. De repente, a roda da carruagem partiu-se e a princesa ficou ali parada, no meio da chuva.

A princesa foi então bater à porta do palácio. A rainha ficou muito espantada quando viu à porta uma rapariga toda molhada[3]. E ainda ficou mais espantada quando a rapariga disse que era uma princesa.

A rainha estava desconfiada[4] e decidiu fazer um teste. Foi então ao quarto onde a princesa ia dormir e mandou pôr na cama vinte colchões[5]. Debaixo dos vinte colchões, a própria rainha pôs uma ervilha muito pequenina.

Na manhã seguinte, ao pequeno-almoço, a rainha perguntou à rapariga:

— Então, minha querida, dormiste bem?

A rapariga respondeu:

— Na verdade, majestade, não dormi lá muito bem. Parecia que havia qualquer coisa redonda debaixo dos colchões…

A rainha sorriu, feliz, e foi a correr ter com o príncipe. Contou-lhe que a rapariga era, sem dúvida, uma verdadeira princesa, pois só uma verdadeira princesa

---

[2] Trovões

[3] Molhado: com muita água. O contrário de «seco».

[4] Desconfiado: ficamos desconfiados quando pensamos que outra pessoa nos pode estar a mentir. Verbo: desconfiar.

[5] Colchão: parte da cama, feita de material fofo, usado para dormirmos confortavelmente.

conseguia sentir uma ervilha tão pequenina debaixo de tantos colchões.

O príncipe foi logo ter com a princesa e disse-lhe:

— Andei um ano inteiro à procura de uma verdadeira princesa e afinal foi uma verdadeira princesa quem me encontrou!

A princesa não percebeu o que o príncipe queria dizer e perguntou:

— Quem é essa princesa?

— És tu! — respondeu o príncipe. — Casa comigo, por favor!

E a princesa disse que sim.

E, claro, o príncipe e a princesa casaram-se e foram felizes para sempre.

Exercícios

1. Neste conto, entram várias personagens. Escreve uma letra em cada quadrado.

   a) Filho do rei e da rainha

   b) Filha do rei e da rainha

   c) Marido da rainha

   d) Mulher do rei

16 | Histórias do Mundo

4)) 2. Ouve o texto.

Preenche os espaços.

A vida deste príncipe era boa. Ele fazia aquilo de que gostava, por exemplo, _____ (1) a cavalo, caçar e _____ (2). Mas faltava-lhe uma princesa para a sua felicidade ser _____ (3).

3. **Preenche os espaços com as palavras abaixo. Atenção: há 3 palavras a mais. Não vais precisar delas.**

ervilha   rainha   princesa   colchões

trovões   casamento   tempestade

A rainha pôs uma ervilha debaixo dos vinte _____ (1). A princesa não dormiu bem porque a _____ (2) estava a incomodá-la. O príncipe ficou feliz por conhecer uma verdadeira _____ (3). A história termina com o _____ (4) dos dois jovens.

4. **Lê as frases.**

Escreve V (verdadeiro) ou F (falso) à frente de cada frase.
a) O príncipe era completamente feliz, pois gostava de andar a cavalo. ☐
b) O rei não conhecia nenhuma princesa. ☐
c) O príncipe fez uma viagem para conhecer outros países. ☐
d) Depois de viajar por muitos sítios, o príncipe voltou ao palácio muito triste. ☐
e) A rainha queria saber se a princesa gostava de comer ervilhas. ☐
f) Uma verdadeira princesa é uma pessoa muito sensível. ☐

3. O rei vai nu

Há muito tempo, numa terra distante, havia um rei muito rico. Ele adorava vestir-se com roupas muito bonitas e caras[1]. Na verdade, este rei era muito vaidoso[2]. Todos os dias, ele vestia uma roupa nova.

Toda a gente naquela terra sabia que o rei era muito vaidoso. Um dia, passaram por ali dois homens e ficaram a saber que o rei gostava muito de se vestir com roupas novas todos os dias. Então, arranjaram um plano para ganhar bom dinheiro. Os dois homens foram ao palácio do rei e disseram que eram alfaiates[3]:

— Nós já fizemos roupas para os mais importantes reis e rainhas do mundo! Roupas magníficas! — disseram os dois homens.

O rei ficou muito interessado.

[1] Caro: que custa muito dinheiro.

[2] Vaidoso: a pessoa vaidosa acha que é sempre mais bonita ou mais inteligente do que as outras.

[3] Alfaiate: pessoa que faz roupa.

[4] Moedas

[5] Ouro: metal de cor amarela que vale muito dinheiro.

[6] Tesoura

[7] Agulha

[8] Dedal

[9] Pano

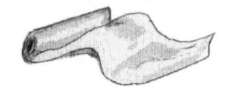

[10] Fingir: mostrar fazer uma coisa, mas não fazer realmente essa coisa.

[11] Cortar: usar a tesoura para separar um bocado de pano.

[12] Coser: usar a agulha para juntar dois bocados de pano.

— Os senhores podiam também fazer-me uma roupa assim?

— Claro! — responderam os falsos alfaiates. — Além disso, as nossas roupas são tão especiais, tão especiais que só uma pessoa muito inteligente as consegue ver. Os tolos não conseguem ver roupa nenhuma. E assim, majestade, ficará a saber quem aqui é inteligente e quem não é.

— Fantástico! — disse o rei, muito impressionado com aqueles alfaiates. E deu-lhes logo um saco de moedas[4] de ouro[5] para as mãos.

Os dois homens saíram do palácio muito divertidos e a rirem-se do rei.

Entretanto, o rei disse a toda a gente que só as pessoas inteligentes é que conseguiam ver as suas novas roupas.

Ao outro dia, os dois homens voltaram ao palácio. Caminhavam e falavam como pessoas muito importantes. Levavam consigo tesouras[6], agulhas[7] e dedais[8], mas pano[9], nenhum. Foram para uma sala do palácio que tinha uma grande mesa e fingiram[10] que estavam a cortar[11] e a coser[12] pano. E assim estiveram todo o dia, a fingir que estavam a fazer as roupas do rei.

Ao fim do dia, o rei mandou o seu ministro ir ver o que os alfaiates estavam a fazer. O ministro entrou e disse:

— O rei pergunta como é que vai o trabalho.

E os homens responderam:

— Vai muito bem, como pode ver. — E mostraram-lhe a mesa vazia[13].

O Ministro ficou confuso[14], pois não estava a ver nada, mas disse:

— Pois, pois, muito bonito, sim, senhor… — E saiu da sala.

Cá fora, o rei perguntou-lhe:

— Então, como estão as roupas? Estão a ir bem?

— São as roupas mais bonitas que eu já vi, majestade!

— respondeu o ministro, pois não queria parecer tolo.

Passados uns dias, o rei mandou o secretário ir ver o que os alfaiates faziam. E os alfaiates, a sorrir, mostraram ao secretário a mesa vazia. O secretário não queria parecer tolo e também disse ao rei que as roupas eram fantásticas.

Depois, o rei chamou toda a gente do palácio para ver as novas roupas. Ninguém via roupa nenhuma, mas todos disseram que eram roupas magníficas. Ninguém queria parecer tolo.

Por fim, foi o próprio rei ver as roupas. Os falsos alfaiates, a sorrir, diziam-lhe:

— Majestade, como pode ver, em sítio nenhum do mundo encontra roupas mais finas, mais requintadas, mais luxuosas!

O rei não via nada, pois não havia nada para ver. Mas como não queria parecer tolo, disse:

— São, de facto, as roupas mais fantásticas que já vi!

[13] Mesa vazia: mesa sem nada em cima.

[14] Confuso: a pessoa confusa tem ideias sem lógica nem racionalidade.

E deu uma medalha[15] de ouro a cada um, a dizer «Alfaiate do ano».

No dia seguinte, o rei quis vestir as suas novas roupas. Os alfaiates andavam à volta dele, a fingir que o vestiam. Até que disseram:

— Pronto! Já está!

O rei foi ver-se ao espelho[16] e viu-se todo nu! Mas como não queria parecer tolo, disse:

— Estas roupas são, de facto, excelentes!

Depois, o rei chamou toda a gente do palácio para o verem com as novas roupas, ou seja, todo nu. E todos disseram que as novas roupas eram lindas, magníficas, fantásticas.

Ao outro dia, era dia de desfile[17] e o rei podia agora mostrar ao povo[18] as suas novas roupas. Os alfaiates "vestiram" o rei outra vez e ele foi assim para a rua, todo nu. O povo já estava na rua para ver as novas roupas do rei.

Quando viram o rei, ninguém disse nada. Depois, aos poucos, começaram a bater palmas[19], porque não queriam parecer tolos.

Mas, no meio da multidão[20], estava um miúdo[21] que apontou com o dedo[22] para o rei e disse bem alto:

— Olhem, olhem! O rei vai nu! O rei vai nu!

Depois, um velhote gritou[23] também:

— O rei vai nu, pois!

A seguir, foi uma mulher:

— Ah! Ah! Ah! O rei vai nu!

---

[15] Medalha

[16] Espelho

[17] Desfile: festa oficial em que algumas pessoas caminham umas atrás das outras, pela rua.

[18] Povo: pessoas que vivem numa terra ou país.

[19] Bater palmas: aplaudir, bater com a parte de dentro das mãos (palmas) uma na outra para mostrar que se gostou de um espetáculo.

[20] Multidão: muitas pessoas, todas juntas.

[21] Miúdo: criança.

[22] Apontar com o dedo

[23] Gritar: falar muito alto.

Enfim, toda a gente já dizia que o rei ia nu. Todos riam.

Quando o rei ouviu isto, percebeu tudo. Não havia roupa nenhuma. Os "alfaiates do ano" eram, afinal, uns grandes impostores[24]. Mas quando o desfile acabou, os falsos alfaiates já iam longe, todos contentes, com o seu saco de dinheiro e as suas medalhas de ouro.

[24] Impostor: pessoa que mente, que engana.

Exercícios

1. **Preenche os espaços com as palavras abaixo. Atenção: há duas palavras a mais. Não vais precisar delas.**

   vestir-se / tolo / dinheiro / vaidoso / rico / invisível

   O rei tinha muitas moedas de ouro, pois era muito _____ (1). O seu maior defeito era ser _____ (2), pois só pensava em _____ (3) com roupas luxuosas, que custavam muito _____ (4).

2. **Completa as frases. Assinala com uma cruz (X) a opção certa.**

   a) *Os dois homens fingiam ser*

   alicates. ☐
   abacates. ☐
   alfaiates. ☐

   b) *Os homens disseram ao rei que*

   só as pessoas vaidosas conseguiam ver a roupa. ☐
   só as pessoas inteligentes conseguiam ver a roupa. ☐
   só as pessoas tolas conseguiam ver a roupa. ☐

c) *O rei*

    desconfiou dos dois homens. _____
    acreditou nos dois homens. _____
    riu-se dos dois homens. _____

d) *O rei disse aos homens para*

    se irem embora. _____
    lhe fazerem um fato especial. _____
    comprarem uma medalha. _____

e) *No fim do desfile, os dois homens*

    bateram palmas. _____
    desapareceram. _____
    ficaram pobres. _____

3. **Preenche os espaços.**

    finas
    requintadas
    luxuosas   } palavras para referir _____ (1)
    fantásticas
    excelentes

    tolos } palavras que se aplicam ao _____; _____; _____ (2)

    impostores
    falsos   } palavras que descrevem os _____ (3)

4. **Descobre as palavras que querem dizer o contrário.**

    a) rico •   • (1) feio
    b) vaidoso •   • (2) vestido
    c) bonito •   • (3) cheio
    d) inteligente • • (4) pobre
    e) invisível •   • (5) tolo
    f) vazio •   • (6) humilde
    g) nu •   • (7) visível

5. Durante o conto, há personagens que fingiram ver a roupa especial e outras personagens que disseram a verdade.

   Preenche a tabela com os seguintes nomes:

   rei / rainha / miúdo / velhote / mulher / ministro / princesas / secretário

(A) Pessoas que fingiram ver a roupa especial	(B) Pessoas que disseram que não havia nenhuma roupa especial

6. Ouve o texto.

Preenche os espaços.

No início do desfile, as pessoas não _____ (1) nada. A seguir, um miúdo gritou: «O rei _____ nu!» (2) No fim, toda a gente se _____ do rei. (3)

4. A Branca de Neve

¹ Bordar: fazer desenhos no pano, com linha e agulha.

² Caixilho de janela

³ Ébano: madeira muito preta.

⁴ Gota: pequena quantidade de líquido.

⁵ Sangue: líquido vermelho que circula por todo o nosso corpo.

⁶ Dar à luz: quando uma mulher dá à luz uma criança, ela torna-se mãe dessa criança.

Há muito, muito tempo, num reino distante, havia um rei e uma rainha.

A rainha era boa para toda a gente e todos nesse reino gostavam muito dela. Mas a rainha vivia triste. Ela queria muito ter um bebé, mas não tinha nenhum.

Um dia, no inverno, a rainha estava a bordar¹ à janela. A janela tinha o caixilho² de ébano³. Lá fora, os campos estavam cobertos de neve. Enquanto bordava, a rainha picou o dedo na agulha e uma pequena gota⁴ de sangue⁵ caiu na neve. A rainha viu o sangue na neve e pensou: «Oh, como eu queria ter uma filha com a pele branca como a neve, os lábios vermelhos como o sangue e o cabelo preto como o ébano!»

Passado pouco tempo, a rainha deu à luz⁶ uma menina. A princesinha era branca como a neve, tinha lábios cor de sangue e o cabelo preto como o ébano. O rei e a rainha deram-lhe o nome de Branca de Neve.

Infelizmente, a rainha morreu dias depois de a Branca de Neve nascer.

Passado um ano, o rei casou-se outra vez. A sua nova mulher era muito bela, mas cruel e vaidosa. E, como todas as pessoas vaidosas, tinha um espelho. Só que este espelho era mágico.

Todos os dias, a rainha má perguntava ao espelho mágico:

— Espelho meu, espelho meu, há alguém mais bela do que eu?

E o espelho respondia:

— Não, minha rainha, tu és a mais bela.

Esta resposta fazia a rainha má muito feliz, pois sabia que o espelho dizia sempre a verdade.

Um dia, a resposta do espelho foi diferente. A rainha perguntou, como era habitual:

— Espelho meu, espelho meu, há alguém mais bela do que eu?

Mas o espelho respondeu:

— Lamento, minha rainha, mas a Branca de Neve é mais bela do que tu.

Com esta resposta, a rainha má ficou furiosa. Chamou um criado[7] e disse-lhe:

— Leva a Branca de Neve para a floresta e mata-a lá!

O criado levou a Branca de Neve para a floresta, mas, quando lá chegou, disse-lhe:

[7] Criado/criada: pessoa que trabalha na casa de uma pessoa rica.

— Foge, Branca de Neve, foge para muito longe!

Quando voltou ao palácio, o criado disse à rainha má que a Branca de Neve estava morta. A rainha má acreditou e, porque era má, ficou muito feliz.

Entretanto, na floresta, a Branca de Neve corria muito depressa. Já estava quase a ficar noite quando encontrou uma casa pequenina. Entrou.

Dentro da casa estava uma mesinha com sete pratinhos e sete copinhos. Do lado da parede estavam sete caminhas.

Como estava cheia de fome, a Branca de Neve comeu um bocadinho de pão de cada um dos pratinhos e bebeu um bocadinho de leite de cada um dos copinhos. Depois, como estava muito cansada, deitou-se numa caminha e adormeceu[8].

Já de noite, os donos da casa chegaram para jantar. Os donos da casa eram anões. Ao todo, sete anões que trabalhavam na montanha[9], nas minas de ouro[10]. Quando entraram em casa e viram a Branca de Neve a dormir, exclamaram:

— Oh, que menina tão bela!

Mas a Branca de Neve não acordou com as vozes deles, pois estava muito cansada. Eles deixaram-na dormir.

De manhã, quando a Branca de Neve acordou e viu os sete anões, assustou-se muito, mas os anõezinhos disseram-lhe:

— Não te assustes. Nós não somos maus. Como te chamas?

[8] Adormecer: começar a dormir.

[9] Montanha

[10] Minas de ouro: buraco na terra que os mineiros fazem para encontrar ouro.

— Branca de Neve.

— E como é que apareceste aqui? — perguntaram eles.

A Branca de Neve contou-lhes a sua história e os sete anões tiveram muita pena[11] dela.

— Podes ficar aqui connosco. Queres? — perguntaram os anões.

[11] Ter pena de uma pessoa: sentir-se triste porque outra pessoa está mal.

— Muito obrigada! — agradeceu a Branca de Neve. E depois disse:

— Eu também posso trabalhar. Posso fazer o jantar e limpar a casa.

E assim foi. De manhã, os sete anões saíam para a montanha e a Branca de Neve ficava sozinha em casa, a cozinhar e a limpar tudo bem limpinho.

Entretanto, no palácio, a rainha má voltou a perguntar ao seu espelho:

— Espelho meu, espelho meu, há alguém mais belo do que eu?

Mas o espelho respondeu outra vez:

— Lamento, mas a mais bela é a Branca de Neve, que mora agora na casa dos sete anões.

A rainha má ficou furiosa, pois sabia que o espelho nunca mentia.

«O criado não matou a Branca de Neve, afinal! Pois, então, tenho de a matar eu!»

[12] Veneno: produto que mata uma pessoa se essa pessoa o tomar.

Como sabia fazer venenos[12] de várias qualidades, a rainha má envenenou uma maçã, vestiu-se de velhinha pobre e foi até à casa dos sete anões.

Chegou lá e bateu à porta:

Truz, truz...

De dentro da casa, a Branca de Neve perguntou:

— Quem é?

— É uma velhinha que quer vender maçãs — respondeu a rainha má.

— Eu não tenho dinheiro — disse a Branca de Neve.

— Eu dou-te uma maçã. Olha que linda! — respondeu a falsa velhinha.

A Branca de Neve abriu a porta, agradeceu, pegou na maçã e deu-lhe uma dentada. Quando fez isto, caiu logo no chão. Parecia que estava morta.

A rainha má riu-se muito alto:

— AH! AH! AH! AH!!!

Com esta risada, todos os passarinhos da floresta voaram das árvores, assustados.

Quando os anões voltaram para casa, encontraram a Branca de Neve no meio do chão. Choraram muito, pois pensavam que ela estava morta. Meteram-na num caixão de vidro[13] e escreveram no caixão o nome dela em letras de ouro.

Passaram alguns meses.

Um dia, passou por ali um príncipe que andava a caçar. Quando viu a Branca de Neve no caixão, exclamou:

— Oh! Que mulher tão bela!

Foi falar com os anões e perguntou-lhes se podia levar a Branca de Neve para o seu palácio.

— Mas ela está morta! — responderam os anões.

— Não está morta, não. Vocês não veem como os

[13] Caixão de vidro

seus lábios estão vermelhos? Vocês alguma vez viram uma pessoa morta de lábios vermelhos? Claro que não está morta!

— Então, está doente?

— Hum… não está doente. Não acho. Ela pode estar embruxada. Vou levá-la para o meu palácio e lá vejo o que posso fazer por ela.

O príncipe foi então chamar os seus criados para levarem o caixão aos ombros. No caminho[14] da floresta para o palácio, um dos criados tropeçou[15] num ramo[16]. O caixão deu um salto. Nesse momento, a Branca de Neve acordou, pois saltou-lhe da garganta[17] um pedaço da maçã envenenada. E, muito espantada, perguntou:

— O que é isto? Onde estou? Quem são vocês?!

— Calma, calma! — respondeu o príncipe. E contou-lhe o que estava a acontecer.

Depois de a acalmar, o príncipe pegou na mão da Branca de Neve e disse-lhe:

— Branca de Neve, quando te vi, percebi logo que não estavas morta. O meu coração[18] disse-me que não estavas morta. E disse-me mais. Disse-me que tu és a mulher da minha vida. E eu acredito no meu coração. Sempre acreditei… Casa comigo, Branca de Neve. Sê a minha rainha. Vem viver comigo no palácio até ao final das nossas vidas e…

A Branca de Neve nem o deixou acabar de falar. Disse logo que sim.

[14] Caminho

[15] Tropeçar: bater com o pé em qualquer coisa.

[16] Ramos

[17] Garganta

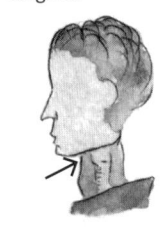

[18] Coração

...

[19] Boda: festa de casamento.

[20] Noiva: rapariga que se vai casar.

A festa do casamento estava a chegar. O príncipe convidou todas as pessoas da região para a boda[19]. A rainha má, como não sabia que a noiva[20] era a Branca de Neve, aceitou o convite.

Quando a Branca de Neve a viu, ficou ainda mais branca, mas de medo! O príncipe, quando a viu, ficou furioso e soltou os cães atrás dela. A rainha má fugiu para a floresta e nunca mais ninguém a viu.

Adeus, bruxa! Vivam os noivos!

Exercícios

1. Ouve o texto.

Como era a Branca de Neve?
Liga e preenche os espaços com os nomes das cores: vermelho, branco, preto.

a) pele •   • (1) cor do sangue
b) lábios •   • (2) cor do ébano
c) cabelo •   • (3) cor da neve

2. Lê as frases. Escreve V (Verdadeiro) ou F (Falso) à frente de cada frase.

a) A Branca de Neve viveu com a mãe até aos 18 anos.
b) O rei voltou a casar-se com uma mulher muito bonita, mas má.
c) O espelho era mentiroso.
d) A rainha estava sempre contente com tudo o que o espelho dizia.
e) A rainha mandou o criado assassinar a Branca de Neve no palácio.
f) O criado não matou a Branca de Neve.

3. **Faz a correspondência.**

a) A Branca de Neve entrou na casinha,

b) A Branca de Neve comeu pão e bebeu leite,

c) A Branca de Neve adormeceu numa cama pequenina,

d) Mais tarde, a Branca de Neve assustou-se com os sete anões,

e) Os sete anões tiveram muita pena da Branca de Neve,

1. pois a bruxa era muito má para ela.

2. pois estava muito cansada.

3. pois não os conhecia ainda.

4. pois estava cheia de fome.

5. pois não viu por ali ninguém.

4. **No dia seguinte de manhã, os sete anões e a Branca de Neve começaram a conversar. Em cada frase, risca a palavra que está a mais.**

a) Os sete anões perguntaram o **caminho/nome** à Branca de Neve.

b) A Branca de Neve contou que **fugiu/gritou** para se esconder da rainha.

c) A Branca de Neve ficou a viver na **casa/mina** dos sete anões.

d) A Branca de Neve cozinhava e **limpava/pintava** a casa.

5. **Nesta história, há várias personagens que fazem diferentes ações. Liga as perguntas às respostas.**

a) Quem disse à rainha que a Branca de Neve estava viva?

b) Quem é que mentiu à rainha?

c) Quem pôs veneno na maçã?

d) Quem comeu a maçã com veneno?

e) Quem pôs a Branca de Neve num caixão de vidro?

(1) O criado.

(2) O espelho mágico.

(3) A Branca de Neve.

(4) Os sete anões.

(5) A rainha má.

6. A Branca de Neve parecia morta. Por isso, os sete anões puseram-na num caixão.

Preenche os espaços com as palavras abaixo. Atenção: há três palavras a mais. Não vais precisar delas.

(vermelhos) (doente) (verdes) (viva)

(morta) (tristes) (assustados)

Sete anões: — Estamos muito _____ (1) porque a Branca de Neve está _____ (2).
Príncipe: — A Branca de Neve está _____ (3) porque tem os lábios _____ (4).

7. Legenda as imagens. Escreve apenas uma palavra.

a) _____

b) _____

c) _____

d) _____

e) _____

f) _____

8. Como acabou a história? Coloca uma cruz (X) nas duas opções certas.

a) O príncipe nunca mais viu os seus cães. ☐
b) A bruxa nunca mais apareceu. ☐
c) Os anões nunca mais trabalharam. ☐
d) A Branca de Neve nunca mais comeu maçãs. ☐
e) O espelho nunca mais falou. ☐

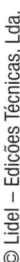

5. Aladim e a lâmpada mágica

Era uma vez um filho de um pobre alfaiate. O rapaz chamava-se Aladim. Ele e os seus pais viviam numa cidade da Pérsia.

O pai de Aladim tinha muito trabalho e dizia todos os dias ao filho:

— Aladim, ajuda-me a coser esta roupa.

Mas Aladim era muito preguiçoso e não gostava de trabalhar. Ele gostava de andar na rua, a passear e a conversar com os seus amigos, preguiçosos como ele.

O pai de Aladim trabalhava muito e andava sempre muito cansado. Um dia, ficou doente e morreu. Aladim ficou só com a sua mãe. Ela pedia-lhe muitas vezes

[1] Estranho: diferente dos outros.

[2] Esquisito: estranho.

[3] Abraçar

para ele ir trabalhar. Sem trabalho não havia dinheiro e sem dinheiro não havia comida. Mas Aladim só queria andar na rua, sem fazer nada.

Um dia, um homem, com um aspeto bastante estranho[1], foi falar com Aladim. Era um homem alto, de cabelos compridos e roupa esquisita[2]. O homem perguntou a Aladim:

— Tu és o filho do alfaiate que morreu?

— Sou, sim — respondeu Aladim.

— Ah, eu sabia! Pareces mesmo o teu pai! — exclamou o homem, e abraçou[3] Aladim. E depois disse:

— Eu sou o irmão do teu pai. Sou teu tio. Vai para casa e diz à tua mãe que eu vou jantar a vossa casa esta noite.

Aladim foi para casa e contou à mãe o encontro que teve com o tio. Ela foi logo preparar o jantar.

À hora de jantar, o homem apareceu na casa de Aladim. O homem levava fruta muito boa: uvas, melão, figos, abacate, manga, bananas... A mãe de Aladim ficou muito contente com aquele presente, mas estava um pouco preocupada por causa daquele homem estranho. A meio do jantar, a mãe de Aladim perguntou ao homem:

— Porque é que o senhor nunca antes apareceu cá em casa?

O homem respondeu:

— Eu estive fora do país durante muito tempo. Trabalhei muito no estrangeiro. E, bom, hoje tenho muito dinheiro.

E perguntou a Aladim:

— E tu, rapaz, também trabalhas muito?

Quando ouviu esta pergunta, a mãe de Aladim começou a chorar e disse:

— Ele não faz nada! Não quer trabalhar! Eu não sei como vamos viver!

Então, o homem disse:

— Não se preocupe, senhora. Eu vou dar-lhe trabalho. Amanhã, ele vai começar a trabalhar na minha loja[4].

Ao outro dia, Aladim foi à loja do homem para começar a trabalhar. Quando Aladim entrou na loja, o homem disse-lhe:

— Vem comigo. Vem sempre atrás de mim.

Os dois saíram da cidade. Caminharam durante muito tempo. De repente, o homem parou num certo sítio e disse:

— É aqui.

Aladim, espantado, perguntou:

— É aqui o quê? — Mas o homem nem lhe respondeu. Só lhe disse:

— Preciso de fazer uma fogueira[5]. Vai procurar paus[6].

Quando Aladim lhe deu os paus, o homem fez a fogueira. Depois, tirou do bolso[7] um saquinho com pós[8] mágicos. Atirou um pouco desse pó para a fogueira e começou a dizer umas palavras mágicas. Quando viu isto, Aladim percebeu que, afinal, o homem era um feiticeiro e ficou cheio de medo.

Depois de o feiticeiro dizer as suas palavras mágicas, a terra começou a abrir-se. A seguir, apareceu no chão uma grande pedra redonda.

[4] Loja: sítio onde se vendem e compram coisas.

[5] Fogueira

[6] Pau (neste contexto): o mesmo que ramo.

[7] Bolso

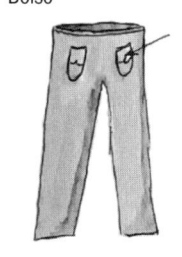

[8] Pó: bocadinhos pequenos de terra seca.

[8] Tesouro

[9] Gruta: grande buraco dentro de um monte.

[10] Escadas

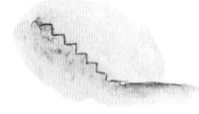

[11] Lâmpada

[12] Anel

— Agora — disse o feiticeiro —, levanta a pedra. Debaixo da pedra está um tesouro[8].

Quando ouviu a palavra «tesouro», Aladim ficou mais contente e levantou a pedra.

Debaixo da pedra havia uma gruta[9]. Descia-se para a gruta por umas escadas[10]. O feiticeiro disse então:

— Vai. Desce. No fim destas escadas, está uma porta que se abre para um jardim magnífico. Nesse jardim, há um caminho que vai ter a um lugar onde está uma lâmpada[11] acesa. Apagas a lâmpada, pegas nela e trazes-ma. Não tenhas medo. Eu dou-te este anel[12] para te dar sorte.

E deu-lhe o anel, que Aladim pôs logo no dedo.

Aladim fez tudo o que o feiticeiro lhe disse. Passou pelo jardim e foi buscar a lâmpada. Já estava a subir as escadas para sair da gruta quando o feiticeiro, cheio de pressa, lhe disse de cá de fora:

— Dá-me já a lâmpada e depois eu ajudo-te a sair daí.

Mas Aladim ficou desconfiado com aquela pressa toda e não lhe deu a lâmpada. O feiticeiro ficou furioso com ele e, com a raiva, atirou mais pó mágico para a fogueira, disse mais umas palavras mágicas e a pedra redonda fechou-se. Aladim ficou preso lá dentro.

Depois disto, o feiticeiro decidiu voltar para a sua terra, no Norte de África. O plano do feiticeiro era deixar Aladim dentro da gruta, mas só depois de ter a lâmpada na sua mão. Mas o plano correu mal e agora o feiticeiro ia para casa sem a lâmpada e muito zangado.

Entretanto, Aladim chorava, dentro da gruta. Não sabia o que fazer. Como tinha frio, começou a esfregar as mãos[13] uma na outra para as aquecer. Quando fez isto, esfregou também o anel do feiticeiro. Como o anel era mágico, apareceu um génio[14], que lhe disse:

— Aqui estou! Sou o génio do anel. Diz-me o que queres.

Aladim ficou muito admirado, mas logo a seguir gritou:

— Tira-me daqui! Tira-me daqui! Quero sair daqui!!

Então, a pedra redonda começou a mover-se para um lado até a gruta se abrir completamente.

Aladim saiu da gruta com a lâmpada na mão e correu para casa o mais depressa que podia. Quando lá chegou, encontrou a mãe sozinha, a chorar. Aladim abraçou-a e contou-lhe que o tal homem não era nada seu tio, mas sim um grande feiticeiro.

Depois de conversarem, Aladim disse à mãe que estava cheio de fome. Mas a mãe não tinha nada em casa para comer e começou outra vez a chorar. Aladim disse-lhe então:

— Não te preocupes, mãezinha, eu posso vender esta lâmpada e com o dinheiro podemos comprar alguma coisa de comer. Mas, primeiro, vou esfregá-la com um pano, porque está muito suja.

Quando começou a esfregar a lâmpada, apareceu outro génio, que lhe perguntou:

— O que queres de mim, mestre?

Aladim, que já se estava a habituar a encontros com génios, respondeu calmamente:

[13] Esfregar as mãos: juntar as mãos e fazer pequenos movimentos com elas, para cima e para baixo.

[14] Génio

— Traz-me um banquete[15] em pratos de ouro.

E, de repente, apareceram em cima da mesa três grandes pratos de ouro com fruta, carne assada[16], peixe grelhado[17] e bolos. Aladim e a mãe jantaram muito bem naquela noite.

Nos meses seguintes, Aladim viveu sem problemas de dinheiro, pois vendeu os pratos de ouro e, com o dinheiro, comprou comida e muitas coisas mais. Ou seja, Aladim continuou com a sua vida de preguiçoso, a passear na rua.

Um dia, Aladim viu passear na rua o sultão[18] da cidade e a sua filha. Quando viu a princesa, Aladim apaixonou-se logo por ela. Chegou a casa e disse à mãe:

— Mãe, eu tenho de me casar com a princesa.

A mãe pôs-se outra vez a chorar, pois pensou que o filho estava maluco[19].

No dia seguinte, Aladim pediu ao génio para fazer aparecer várias joias[20] em ouro. Depois, pôs as joias num tabuleiro[21], cobriu[22] tudo com um pano e foi ao palácio do sultão. Chegou lá e disse-lhe que queria casar com a princesa e que, para isso, lhe trazia um presente. O sultão riu-se muito, pois sabia que Aladim era pobre e preguiçoso. Mas, como era curioso[23], o rei pediu a Aladim para tirar o pano de cima do tabuleiro e então viu todo aquele magnífico ouro. O sultão ficou muito impressionado, mas disse ainda:

— Amanhã, trazes-me quarenta tabuleiros iguais a esse.

---

[15] Banquete: refeição com muita comida e comida muito boa.

[16] Carne assada: carne cozinhada no forno.

[17] Peixe grelhado: peixe cozinhado na grelha.

[18] Sultão: chefe árabe de um território.

[19] Maluco: tolo

[20] Joias

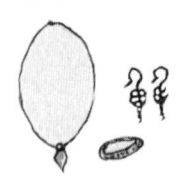

[21] Tabuleiro

[22] Cobrir: pôr um pano por cima de alguma coisa.

[23] Curioso: pessoa que quer saber tudo.

«Nada mais fácil», pensou Aladim. Foi para casa e pediu ao génio da lâmpada para lhe fazer aparecer quarenta tabuleiros com joias em ouro. Ao outro dia, foi ao palácio e apresentou ao sultão os quarenta tabuleiros.
O sultão agradeceu e depois disse-lhe:
— Muito bem. Casas com a minha filha. Mas onde está o teu palácio? Tens ainda de construir o teu palácio.
«Nada mais fácil», pensou Aladim. E ao outro dia apareceu o palácio, com a ajuda do génio, claro.
Então, Aladim e a princesa casaram-se e foram viver para o palácio novo. Viveram em paz e felizes. Aladim, quando precisava de alguma coisa, esfregava a lâmpada e aparecia o génio, mas sem a sua mulher ver.
Entretanto, o feiticeiro, lá no Norte de África, ouviu falar de um homem muito rico, com muitas joias, casado com a filha do sultão. Percebeu logo que era Aladim que tinha a lâmpada mágica. Então, voltou à Pérsia.
Quando chegou lá, arranjou um cesto[24] com muitas lâmpadas e fingiu ser vendedor de lâmpadas. A seguir, foi ao palácio de Aladim. Aladim não estava em casa. O feiticeiro bateu à porta e quem veio abrir foi a mulher de Aladim. O feiticeiro disse-lhe então:
— Minha querida senhora, não quererá trocar as suas lâmpadas velhas por estas novas?
— Na verdade, tenho ali uma lâmpada velha. Aladim ia gostar de ter uma lâmpada nova — disse a mulher.
Em seguida, foi buscar a velha lâmpada mágica e trocou-a por uma nova, mas que não era mágica.

[24] Cesto

Quando o feiticeiro se viu com a lâmpada mágica na mão, esfregou-a e apareceu o génio. O feiticeiro ordenou-lhe:

— Génio, põe este palácio e a mulher de Aladim na minha aldeia, no Norte de África.

E *puf*! O palácio, o jardim do palácio, os criados e a mulher de Aladim desapareceram.

Quando Aladim voltou dos seus passeios e viu que não havia palácio nenhum, pôs-se a chorar, sem saber o que fazer. De repente, lembrou-se de que ainda tinha o génio do anel. Esfregou as mãos e apareceu o génio, que lhe perguntou:

— O que me queres agora?

— Génio, génio, faz aparecer outra vez o palácio e a minha mulher — pediu Aladim.

Mas o génio respondeu:

— Eu não posso fazer isso. Eu sou um simples génio de anel. Isso tem mesmo de ser o génio da lâmpada a fazer.

— Então — disse Aladim –, leva-me para o sítio onde está o meu palácio.

E, num instante[25], Aladim voou num tapete mágico para o Norte de África, para a aldeia do feiticeiro, onde estava o seu palácio.

Quando lá chegou, Aladim escondeu-se atrás de uma pedra e esperou. Ao ver sair o feiticeiro do palácio roubado, Aladim entrou, correu para a sua mulher e abraçou-a. Mas o abraço demorou pouco tempo. Aladim perguntou-lhe, cheio de pressa:

---

[25] Num instante: muito rapidamente.

— Viste por aí uma lâmpada?

A mulher foi buscar-lhe a lâmpada. Aladim esfregou-a e o génio apareceu. Aladim pediu-lhe então para voltarem todos para a Pérsia — com o palácio, claro. E assim foi. Os anos passaram. O feiticeiro nunca mais teve a coragem de voltar à Pérsia.

Quando o sultão morreu, Aladim passou a ser o chefe da cidade. Ele e a sua mulher governaram a cidade durante muitos e muitos anos.

Exercícios

1. Ouve o texto.

Preenche os espaços com as palavras abaixo. Atenção: há duas palavras a mais. Não vais precisar delas.

- infeliz
- preguiçoso
- trabalhador
- ajudante
- roupas
- nada

O pai de Aladim era alfaiate, fazia _____ (1). Ele trabalhava durante todo o dia, pois era muito _____ (2). O Aladim não fazia _____ (3), pois era muito _____ (4).

2. Lê as frases. Escreve à frente de cada frase as palavras SIM ou NÃO.

a) Um homem encontrou Aladim na rua.

b) O homem era como qualquer outro homem.

c) O homem disse que era tio paterno de Aladim.

d) O homem almoçou na casa do Aladim.

e) O homem deu um presente à mãe de Aladim.

f) O homem deu trabalho a Aladim.

g) O homem fez a mãe de Aladim chorar.

3. No outro dia, Aladim dirigiu-se à loja do homem. Liga as partes para teres frases corretas.

a) O homem e Aladim caminharam •
b) O homem fez •
c) O homem atirou •
d) O homem disse •
e) Aladim levantou •

• (1) a pedra redonda.
• (2) palavras mágicas.
• (3) pós mágicos para a fogueira.
• (4) durante muito tempo.
• (5) uma fogueira.

4. Depois de sair da gruta, Aladim ficou com dois objetos mágicos. Escreve os nomes dos objetos.

a) É para usar no dedo.

b) Tem um génio lá dentro.

5. E a seguir, o que aconteceu? Ordena as frases.

(a) Aladim limpou a lâmpada com um pano. ☐
(b) A mãe chorou porque não tinha comida em casa. ☐
(c) Aladim pediu um banquete em pratos de ouro. ☐
(d) Aladim foi para casa. ☐
(e) Aladim disse à mãe que o homem era um feiticeiro. ☐
(f) Aladim decidiu vender a lâmpada. ☐
(g) O génio apareceu. ☐
(h) Aladim e a mãe comeram muito nessa noite. ☐

6. Aladim apaixonou-se pela filha do sultão. Para casar com a filha do sultão, o que fez Aladim? Põe uma cruz (X) na única resposta correta.

(1) Levou só um tabuleiro com joias de ouro ao sultão. ☐
(2) Abriu uma loja de lâmpadas. ☐
(3) Deu quarenta e um tabuleiros com joias ao sultão. ☐
(4) Construiu um palácio novo. ☐
(5) Deu o anel mágico à filha do sultão. ☐

7. Coloca uma cruz (X) nas duas frases que correspondem ao final da história.

a) Aladim e sua mulher tiveram muitos filhos. ☐
b) Aladim passou a ser o sultão. ☐
c) Aladim ficou com dois palácios. ☐
d) O feiticeiro viveu na Pérsia até morrer. ☐

8. Nesta história, há dois génios: o génio do anel e o génio da lâmpada. Liga cada génio às suas ações.

(1) mudou o palácio para outro lugar

(2) deu um tapete mágico

(3) fez aparecer joias de ouro

(4) deu um jantar em pratos de ouro

Génio da lâmpada

Génio do anel

(5) fez aparecer quarenta tabuleiros com joias

(6) fez aparecer um palácio

(7) tirou a pedra da entrada da gruta

6. Ali Babá e os quarenta ladrões

Numa cidade da Pérsia, viviam dois irmãos: Cassim e Ali Babá. Cassim era rico e a sua família vivia bem. Ali Babá era pobre e a sua família vivia com dificuldade. Para ganhar dinheiro e dar de comer à mulher e aos filhos, Ali Babá cortava lenha[1] na floresta, transportava-a no seu burro e vendia-a na cidade.

Um dia, quando Ali Babá estava na floresta a cortar lenha, viu um grupo de homens a cavalo. Vinham em direção a[2] ele. Ali Babá teve medo dos homens, pois pensava que eram ladrões, e subiu a uma árvore. Assim, os homens não o podiam ver. De cima da árvore, Ali Babá contou os homens: eram quarenta.

[1] Lenha

[2] Ir em direção a: ir para próximo de um sítio.

Os homens desmontaram dos cavalos. Depois, um homem alto e forte, que era o chefe do grupo, foi até junto de uma grande rocha³ e disse, muito alto:

— Abre-te, Sésamo!

Nesse momento, a rocha abriu-se e os quarenta homens entraram. Passado pouco tempo, saíram. A seguir, o chefe disse:

— Fecha-te, Sésamo!

E a gruta fechou-se.

Ali Babá continuava em cima da árvore, a ver e a ouvir aquilo tudo. Por fim, os quarenta homens foram-se embora, montados nos seus cavalos.

Depois disso, Ali Babá desceu da árvore, foi até à rocha e disse:

— Abre-te, Sésamo!

A rocha abriu-se. Lá dentro havia sacos e sacos de moedas de ouro e prata⁴. Ali Babá pegou em dez sacos de ouro e, já fora da gruta, carregou o seu burro com os sacos. Antes de se ir embora para casa, disse:

— Fecha-te, Sésamo!

E a gruta fechou-se.

Quando chegou a casa, já de noite, Ali Babá contou tudo à sua mulher. Mas disse-lhe que ela não devia dizer nada a ninguém. O ouro da gruta era segredo.

— Por isso, mulher, vai buscar uma pá⁵. Quero enterrar estes sacos no jardim — disse Ali Babá. Mas a mulher respondeu:

³ Rocha: pedra.

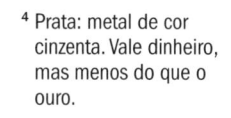

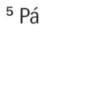

⁴ Prata: metal de cor cinzenta. Vale dinheiro, mas menos do que o ouro.

⁵ Pá

[6] Pote

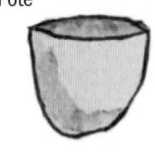

[7] Esta: a mulher de Cassim.

[8] Sebo: gordura da carne de um animal.

[9] Fundo do pote: parte de baixo do pote; a parte de fora do fundo do pote toca no chão.

[10] Aos potes: a pessoa que tem dinheiro aos potes é uma pessoa que tem muito dinheiro.

— Espera. É melhor sabermos quanto ouro temos aqui, antes de o enterrarmos. Eu vou a casa do teu irmão pedir um pote[6] de medida.

A mulher de Ali Babá foi lá, encontrou a mulher de Cassim e pediu-lhe o pote de medida. Esta[7], como era muito curiosa, perguntou-lhe o que é que ela queria medir. Mas a mulher de Ali Babá guardou segredo e não disse nada. Então, a mulher de Cassim pôs um pouco de sebo[8] no fundo do pote.

A mulher de Ali Babá voltou para casa e mediu o ouro. Ficou muito contente, porque teve de encher o pote muitas vezes, pois era muito ouro. Depois, foi a casa de Cassim entregar o pote. Mas não viu que estava uma moeda de ouro no fundo do pote[9], colada com o sebo.

Quando a mulher de Cassim viu a moeda de ouro no fundo do pote, foi logo dizer ao marido:

— Cassim, o teu irmão é mais rico do que tu, afinal! Ele nem precisa de contar as moedas. Ele tem moedas de ouro aos potes[10]!

Cassim ficou cheio de inveja. Pegou na moeda de ouro que estava no fundo do pote, foi a casa de Ali Babá e disse-lhe:

— Afinal, Ali Babá, tu mentes! Tu finges que és pobre, mas és rico, muito rico! — E mostrou-lhe a moeda de ouro do fundo do pote.

Ali Babá, então, contou-lhe tudo sobre o tesouro e explicou-lhe onde estava a gruta. E também lhe disse quais eram as palavras mágicas que ele tinha de dizer para entrar e sair da gruta.

No dia seguinte, Cassim acordou cedo e foi à gruta do tesouro. Levava dez burros. Cada burro levava dois cestos bem grandes. Quando chegou à gruta, Cassim disse:

— Abre-te, Sésamo! — E a gruta abriu-se.

Cassim entrou e carregou os seus cestos com ouro. Demorou muito tempo nisto, pois levava muitos cestos, e, entretanto, a porta da gruta fechou-se. Acontece que Cassim não tinha boa memória e esqueceu-se do que devia dizer para abrir a gruta.

Cassim experimentou dizer vários nomes, mas de nenhuma das vezes disse a palavra certa, a palavra «Sésamo», e por isso a gruta nunca se abria...

À hora do almoço, chegaram os quarenta ladrões. Quando viram os burros de Cassim à entrada da gruta, ficaram desconfiados. Entraram na gruta, viram Cassim e, furiosos, mataram-no logo ali.

À noite, a mulher de Cassim estava muito preocupada, pois o marido não aparecia. Foi a casa de Ali Babá, muito aflita, dizer-lhe isso mesmo. Ali Babá também ficou preocupado e foi à gruta ver se ele lá estava. Quando entrou, viu, com horror, o irmão morto.

Ali Babá, a chorar, pôs o corpo do irmão em cima do burro. Sem ninguém ver, levou o corpo para casa de Cassim. Morgiana, a criada[11] da casa de Cassim, veio abrir a porta. Ali Babá sabia que Morgiana era muito inteligente, por isso disse-lhe:

[11] Criada: feminino de criado.

[12] Curandeiro: pessoa que cura, que faz remédios.

[13] Xarope: líquido grosso e doce que se dá às pessoas doentes para elas ficarem boas.

[14] Novamente: outra vez.

— Morgiana, Cassim morreu. Ele foi assassinado. Mas ninguém pode saber que ele foi assassinado. Vamos dizer que ele morreu de doença.

Ao outro dia de manhã, Morgiana foi ao curandeiro[12] e pediu um xarope[13]. Disse-lhe assim:

— O meu senhor, Cassim, está muito doente, não come nem fala. Dá-me um xarope para ele ficar bom.

O curandeiro deu-lhe o xarope. À tarde, Morgiana foi novamente[14] ao curandeiro. Fingiu que estava muito aflita e disse:

— Curandeiro, curandeiro! O meu senhor está muito mal! Dá-me um xarope mais forte!

Assim, ao fim do dia, toda a gente já esperava a morte de Cassim. Uma morte por doença. Morgiana conseguiu esconder a verdade.

Passado tempo, os quarenta ladrões voltaram à sua gruta. Quando lá chegaram, ficaram muito espantados. Não estava ali o corpo de Cassim... Então, o chefe dos ladrões disse:

— O corpo desapareceu. Isto quer dizer que há mais outra pessoa que consegue entrar na nossa gruta. E essa pessoa vai roubar-nos o tesouro todo, mais tarde ou mais cedo. Temos de fazer alguma coisa! Temos de saber quem é essa pessoa! Temos de matar esse homem!

Então, o chefe dos ladrões mandou um ladrão ir à cidade para saber em que casa havia um morto. O ladrão foi ao curandeiro e perguntou:

— Podes dizer-me quem morreu assassinado?

O curandeiro disse que Cassim foi a última pessoa a morrer ali na cidade:

— Mas Cassim morreu de doença — explicou o curandeiro.

— Qual doença, qual quê! Morreu assassinado, de certeza — disse o ladrão, com cara de mau.

— Diz-me onde fica a casa desse tal Cassim!

E o curandeiro, cheio de medo, disse-lhe onde ficava a casa de Cassim, que agora era de Ali Babá.

O ladrão voltou para o grupo dos ladrões e contou tudo ao chefe.

O chefe pensou num plano para matar Ali Babá. Ao outro dia, comprou vinte e um potes de guardar azeite[15], mas só pôs azeite num pote. Os outros potes levavam ladrões lá dentro. Dois ladrões escondidos em cada pote. A seguir, o chefe dos ladrões carregou os vinte e um potes numa carroça[16] e fingiu ser vendedor de azeite.

Ao fim do dia, já quase noite, o chefe dos ladrões passou em frente da casa de Ali Babá. Por acaso, Ali Babá estava sentado em frente à sua casa, para se refrescar[17]. O chefe dos ladrões disse-lhe então:

— Venho de muito longe, senhor. Queria vender este azeite no mercado, mas cheguei tarde e agora não tenho onde dormir. O senhor deixava-me dormir em sua casa?

Ali Babá disse que sim e mandou Morgiana preparar o jantar e uma cama para o falso vendedor de azeite. Os potes ficaram no pátio[18] da casa.

[15] Azeite: as oliveiras dão azeitonas e as azeitonas dão azeite. Usamos azeite para cozinhar.

[16] Carroça

[17] Refrescar: ficar mais fresco; fugir ao calor.

[18] Pátio: parte de fora da casa, sem jardim.

Depois do jantar, Ali Babá foi para a cama. O chefe dos ladrões, então, foi ao pátio e disse, baixinho, aos seus homens:

— À meia-noite, eu chamo por vocês e, nesse momento, vocês saltam para fora dos potes e matam Ali Babá!

Depois de lhes dizer isto, o chefe dos ladrões foi deitar-se.

Entretanto, Morgiana estava na cozinha a arrumar os pratos e a limpar as panelas[19]. Passado um pouco, a lamparina[20] apagou-se. Ficou tudo escuro na cozinha. Faltava o azeite para acender a lamparina. O problema é que não havia mais azeite em casa. Então, Morgiana lembrou-se de ir aos potes de azeite do pátio e tirar um bocadinho para a lâmpada. Quando chegou, levantou a tampa[21] de um pote e ouviu uma voz, que perguntava:

— Já está na hora? Já está na hora?

A voz vinha de dentro do pote. Primeiro, Morgiana assustou-se muito, pois percebeu que estava em grande perigo. Mas depois acalmou-se e disse:

— Ainda não. Espera mais um pouco.

E a seguir abriu a tampa de todos os potes e disse a mesma coisa aos homens que lá estavam dentro. O único pote com azeite era o último. Morgiana foi buscar uma panela grande, encheu-a com esse azeite e levou-a para a cozinha. Pôs o azeite no fogão, até ferver[22]. Depois, voltou ao pátio e, mais que depressa, deitou o azeite a ferver para dentro de cada pote. Todos os ladrões fugiram dali para fora, todos queimados com o azeite.

---

[19] Panelas

[20] Lamparina: lâmpada.

[21] Tampa

[22] Ferver: um líquido ferve quando chega aos 100 °C.

À meia-noite, o chefe dos ladrões foi ao pátio chamar os seus homens, mas não viu ladrões nenhuns, apenas os potes partidos no meio do pátio. Ficou cheio de medo e fugiu também.

No dia seguinte, quando Ali Babá acordou e viu os potes partidos no pátio, perguntou a Morgiana o que era aquilo. Morgiana contou-lhe tudo sobre os homens escondidos dentro dos potes:

— De certeza, senhor, que eram os ladrões da gruta que vinham para o matar.

Ali Babá ficou muito contente com Morgiana e disse-lhe:

— Morgiana, tu salvaste-me a vida! És uma mulher muito inteligente. Quero que cases com o meu filho.

O filho também ficou contente por se casar com Morgiana. A festa de casamento foi magnífica. Morgiana e o marido foram muito felizes e Ali Babá teve muito netos. Inteligentes, como a mãe.

Exercícios

1. Preenche os espaços com as palavras abaixo. Atenção: há três palavras a mais. Não vais precisar delas.

> mal   Pérsia   gruta   irmãos
>
> ladrões   dinheiro

a) Ali Babá e Cassim eram _____.

b) Eles viviam na _____.

c) A família de Cassim vivia bem, mas a família de Ali Babá vivia _____.

2. Ouve as perguntas e responde por escrito.

a) _____

b) _____

c) _____

3. Coloca uma cruz (X) na única opção correta. Depois de os ladrões se irem embora, Ali Babá

a) foi logo contar tudo à mulher. ☐
b) fez a mesma coisa que os ladrões. ☐
c) caiu da árvore. ☐
d) continuou a cortar lenha. ☐
e) montou no burro. ☐
f) fugiu dali para fora. ☐

4. Quando chegou a casa, Ali Babá contou à mulher a sua aventura. Escreve V (verdadeiro) ou F (falso) à frente de cada frase.

a) Ali Babá disse à mulher que ia dividir o ouro com o irmão. ☐
b) A mulher quis saber quanto ouro tinham. ☐
c) A mulher de Ali Baba pediu à mulher de Cassim um pote de medida. ☐
d) A mulher de Cassim pôs sebo dentro do pote. ☐
e) Depois de medir o ouro, a mulher de Ali Babá esqueceu-se do pote. ☐
f) No fundo do pote só ficou o sebo. ☐

5. Cassim soube que o irmão estava rico e foi a casa dele. Liga cada pergunta à resposta certa.

a) Quem contou o segredo da gruta a Cassim? •   • (1) Os ladrões.
b) Quantos burros levou Cassim até à gruta? •   • (2) A palavra «Sésamo».
c) Quantos cestos Cassim levou para a gruta? •   • (3) Dez.
d) O que faltou a Cassim para sair da gruta? •   • (4) Vinte.
e) Quem matou Cassim? •   • (5) Ali Babá.

6. Entretanto, os ladrões descobrem que há mais uma pessoa que sabe como entrar na gruta. Eles descobrem isso porque [coloca uma cruz (X) na única opção correta]:

a) já não havia lá ouro nenhum. ☐
b) a gruta estava aberta. ☐
c) os cavalos assustaram-se. ☐
d) o morto já não estava lá. ☐
e) são muito inteligentes. ☐
f) foram ao curandeiro. ☐

7. O chefe dos ladrões decidiu matar o homem que sabia do segredo da gruta. Ele mandou um ladrão à cidade. Esse ladrão foi e voltou. No texto abaixo há duas informações falsas. Risca as duas frases que têm informações erradas.

O ladrão chegou ao pé do chefe dos ladrões e disse:
— Chefe, falei com o curandeiro. Ele disse-me logo que Cassim morreu assassinado. Depois, disse-me onde estava o irmão dele a viver. E disse-me também que morava lá uma irmã deles, chamada Morgiana.

8. O que aconteceu a seguir? Escolhe a opção certa para cada frase.

a) O chefe comprou

   vinte potes. ☐
   vinte e um potes. ☐
   vinte e cinco potes. ☐

b) O chefe dos ladrões meteu azeite

   em todos os potes. ☐
   só num pote. ☐
   em vinte potes. ☐

c) O chefe falou com Ali Babá e pediu-lhe

   almoço. ☐
   dinheiro. ☐
   dormida. ☐

d) A criada de Ali Babá foi buscar azeite e descobriu que

   estavam ladrões dentro dos potes. ☐
   nenhum pote tinha azeite. ☐
   os potes estavam partidos. ☐

e) Morgiana ferveu o azeite numa panela e deitou-o:

   noutra panela. ☐
   dentro dos potes. ☐
   nas lamparinas da casa. ☐

f) Os ladrões ficaram aflitos e

   morreram logo ali. ☐
   fugiram para longe. ☐
   mataram a Morgiana. ☐

g) Quando o chefe dos ladrões chegou ao pátio,
   decidiu matar Ali Babá. ☐
   assustou-se e desapareceu. ☐
   chamou pelos ladrões. ☐

h) Morgiana salvou o Ali Babá porque era
   curiosa. ☐
   inteligente. ☐
   mentirosa. ☐

7. Cinderela e o sapatinho de cristal

Há muito, muito tempo, numa terra distante, vivia uma menina chamada Cinderela.

Um dia, a mãe de Cinderela ficou doente e passado pouco tempo morreu. O pai de Cinderela ficou muito triste, mas, passados alguns anos, conheceu outra mulher e casou-se com ela.

Essa mulher, agora madrasta[1] de Cinderela, tinha já duas filhas do seu primeiro casamento. A madrasta e as duas filhas eram muito vaidosas. Vestiam sempre roupas muito caras e elegantes[2] e usavam joias e perfumes caros.

Com o passar do tempo, a madrasta e as suas filhas fizeram de Cinderela sua criada. Cinderela tinha de fazer

[1] Madrasta: mulher que se casa com o nosso pai, mas que não é nossa mãe.

[2] Elegante: uma coisa ou pessoa elegante é porque é bela e atraente.

tudo o que elas mandavam: limpava o chão, cozinhava, lavava a roupa… Enfim, fazia tudo. As outras não faziam nada e ainda se riam dela.

Um dia, o rei organizou um baile no seu palácio e convidou[3] todas as pessoas importantes do reino. A madrasta e as suas filhas também receberam um convite[4].

Nos dias seguintes, a madrasta e as suas filhas só pensavam no baile e compraram vestidos e sapatos novos.

No dia do baile, Cinderela vestiu e penteou[5] as três mulheres. Elas queriam ficar muito bonitas. Depois, as três subiram para uma carruagem e foram para o palácio. Cinderela foi para o seu quarto, muito triste, pois também queria muito ir ao baile.

De repente, bateram à porta. Era a fada[6] madrinha[7] de Cinderela.

— Porque estás triste, Cinderela? Também querias ir ao baile?

Cinderela disse que sim.

— Então, vai lá fora buscar uma abóbora, rápido.

E Cinderela saiu a correr. Quando voltou com a abóbora, pousou-a à porta de casa. A fada madrinha tocou com a varinha de condão na abóbora e esta transformou-se numa carruagem.

De repente, passaram por ali a correr seis pequenos ratos. A fada madrinha tocou-lhes com a varinha e eles transformaram-se em cavalos.

[3] Convidar: pedir a alguém para vir à nossa festa.

[4] Convite: carta em que alguém convida uma pessoa.

[5] Pentear: usar o pente no cabelo.

[6] Fada

[7] Madrinha: se uma criança é batizada, tem um padrinho e uma madrinha. O padrinho e a madrinha prometem proteger a criança durante a sua vida.

[8] Ao pé: perto.

[9] Lareira

[10] Convidados: pessoas que são chamadas a ir a uma festa.

— Bom, agora só falta o cocheiro — disse a fada. Ao pé[8] da lareira[9] estava o gato. A fada madrinha tocou-lhe com a varinha e o gato transformou-se em cocheiro.

Depois, a fada madrinha olhou bem para Cinderela e disse:

— Bem, não podes ir assim, tão mal vestida.

Tocou com a varinha na cabeça de Cinderela e, no momento seguinte, a menina viu-se dentro de um vestido maravilhoso. Nos pés tinha uns magníficos sapatos de cristal. Cinderela nem podia acreditar!

— Então? Depressa, depressa... A tua carruagem está lá fora à tua espera — disse a fada madrinha. E continuou:

— Agora, querida, toma atenção: quando o relógio bater a meia-noite, voltas para casa. À meia-noite, o vestido e a carruagem desaparecem!

Cinderela agradeceu à sua fada madrinha e foi para o palácio do rei.

Quando chegou ao palácio e entrou no salão de baile, todos os convidados[10] olharam para ela. Cinderela era a mais elegante de todas as mulheres.

Passado pouco tempo, o príncipe aproximou-se dela, fez-lhe uma vénia e convidou-a para dançar. Os seus olhos azuis brilhavam de felicidade.

Cinderela dançou com o príncipe durante todo o tempo. O príncipe ficou fascinado com Cinderela.

De repente, o grande relógio do salão de baile começou a bater a meia-noite:

Dong!... Dong!... Dong!...
Cinderela parou de dançar, pediu desculpa ao príncipe e correu para fora do palácio. Saltou tão depressa para a carruagem que deixou cair um sapatinho de cristal.

Na manhã seguinte, na cozinha, como era habitual, Cinderela varria o chão e preparava o pequeno-almoço para a madrasta e as suas filhas.

De repente, alguém bateu à porta. A madrasta foi abrir. À porta estava o cocheiro do rei.

— Sou o cocheiro do príncipe — disse o homem. E continuou:

— A mulher com quem o príncipe se quer casar usou ontem este sapatinho de cristal. Façam o favor de se sentar para vermos se, por acaso, o sapatinho cabe em algum pé desta casa.

A filha mais velha experimentou o sapatinho, mas o seu pé era muito grande. A seguir, a sua irmã fez o mesmo, mas o seu pé tinha um grande joanete[11].

Cinderela estava ao fundo da cozinha, sem dizer nada.

— Agora, quem vai experimentar o sapatinho é aquela rapariga ali — disse o cocheiro. E ajoelhou-se à frente de Cinderela com o sapatinho na mão para ela o calçar. O sapatinho servia-lhe na perfeição. A madrasta e as suas filhas ficaram muito espantadas. Mas ainda ficaram mais espantadas quando Cinderela tirou do bolso da saia o outro sapatinho de cristal e o calçou também.

[11] Joanete

Depois, o cocheiro pegou na mão de Cinderela e levou-a até à carruagem. Os dois partiram em direção ao palácio. A madrasta e as filhas ficaram à porta da cozinha, a ver a carruagem a afastar-se devagarinho.

E choraram de inveja.

Exercícios

14) 1. Ouve o texto. Responde verdadeiro (V) ou falso (F).

a) Cinderela ficou sem mãe. ☐
b) O pai de Cinderela casou-se duas vezes. ☐
c) A madrasta de Cinderela casou-se só uma vez. ☐
d) Cinderela tinha duas irmãs. ☐
e) A tristeza do pai de Cinderela passou com o tempo. ☐

2. Preenche cada espaço com uma das palavras abaixo.

(bondosas) (mentirosas) (vaidosas) (brincadeiras)

(tarefas) (trabalhos)

a) A madrasta e as filhas eram muito _____.

b) A madrasta e as filhas mandavam a Cinderela fazer todas as _____.

3. O rei enviou um convite para o baile do palácio. Ordena as frases de acordo com a história. Escreve os números de 2 a 6.

a) A fada madrinha apareceu na casa da Cinderela. ☐
b) A Cinderela vestiu e penteou a madrasta e as filhas. ☐
c) A madrasta e as filhas compraram vestidos e sapatos. ☐
d) A madrasta e as filhas foram para o baile. ☐
e) A fada madrinha ajudou a Cinderela a ir ao baile. ☐
f) O rei convidou as pessoas para um baile no palácio. 1

4. Como é que a fada madrinha ajudou Cinderela? Liga as partes de forma a teres frases certas.

a) A fada madrinha transformou uma abóbora •
b) A fada madrinha transformou os ratinhos •
c) A fada madrinha transformou o gato •
d) A fada madrinha transformou as roupas de Cinderela •
e) A fada madrinha transformou o calçado de Cinderela •

• (1) em sapatinhos de cristal.
• (2) num vestido maravilhoso.
• (3) numa carruagem.
• (4) num cocheiro.
• (5) em cavalos.

5. Antes de Cinderela ir para o baile, a fada madrinha fez um aviso. Qual foi?
_____

6. Quando Cinderela chegou ao palácio, todas as pessoas olharam para ela. Porquê?
_____

7. No baile, o príncipe dançou sempre com Cinderela. A que horas é que eles pararam de dançar?
_____

8. Quando a Cinderela fugiu do palácio, ela perdeu uma coisa. O que foi que ela perdeu?
_____

9. O que aconteceu no dia a seguir ao baile? Lê as frases e sublinha a palavra certa.

a) Cinderela lavava o **chão/cão**.
b) As filhas da madrasta só pensavam no **jantar/baile**.
c) O cocheiro do **príncipe/rei** entrou na casa de Cinderela.
d) O cocheiro trazia um sapatinho de **cristal/metal**.
e) O sapatinho servia num pé **grande/pequeno**.

8. João e o pé[1] de feijão

[1] Pé (neste contexto): pequeno tronco de uma planta.

[2] Viúva: mulher a quem morreu o marido.
Viúvo: homem a quem morreu a mulher.

Era uma vez uma viúva[2] que vivia com o seu filho João numa pequena quinta. Eles eram muito pobres. O João era bom rapaz e ajudava a sua mãe. Apesar de trabalharem muito, mãe e filho continuavam pobres. Às vezes, não tinham nada para comer.

Um dia à noite, ao jantar, enquanto comiam o último pão que tinham, a mãe disse ao filho:

— Rapaz, temos de vender a vaca. Com o dinheiro da venda da vaca podemos comprar comida. Amanhã, vais à feira[3]. Vendes a vaca e trazes-me o dinheiro.

Ao outro dia, de manhã cedo, o João saiu com a vaca em direção à cidade.

[3] Feira: sítio onde se compra e vende vários produtos.

A meio do caminho, encontrou um velho muito velho, que lhe disse:

— Rapaz, olha o que eu tenho aqui na minha mão! Três feijões[4]! São três feijões mágicos, meu rapaz. Semeias estes três feijões e o feijoeiro[5] cresce da noite para o dia. Sim, sim! Abres um buraco, pões lá os três feijões e de manhã o feijoeiro vai estar tão alto, tão alto, tão alto que consegue chegar ao céu! Dou-te estes três feijões e tu dás-me a tua vaca.

O João ficou muito entusiasmado e aceitou as sementes em troca da vaca. A seguir, voltou para casa, muito contente, com as três sementes no bolso.

Quando a mãe viu os três feijões, em vez do dinheiro da venda da vaca, ralhou[6] muito com o filho e pôs-se a chorar. O João pediu desculpa à mãe, mas não desistiu da ideia de semear os três feijões. Saiu para o quintal, abriu um buraquinho e meteu lá dentro os três feijões.

Ao outro dia de manhã, o João não queria acreditar no que os seus olhos viam. No meio do quintal estava um tronco[7] enorme[8] de feijoeiro! O feijoeiro subia, subia, subia até ao céu! O velho tinha razão[9], afinal!

Então, o João começou a subir pelo tronco do grande feijoeiro. Agarrava-se bem às folhas[10], para não cair, e nunca olhava para baixo, para não ter medo. Subiu, subiu, até que chegou ao céu.

Já no céu, o João viu ao longe um castelo e caminhou até lá por um pequeno caminho às curvas. Quando lá

[4] Feijões

[5] Feijoeiro: planta que dá feijões.

[6] Ralhar: zangar-se e criticar uma pessoa porque está a fazer uma coisa errada.

[7] Tronco

[8] Enorme: muito grande.

[9] Ter razão: dizer coisas que estão certas.

[10] Folha

chegou, bateu à porta. Passado um minuto, a porta abriu-se de repente e apareceu uma mulher gigante e só com um olho no meio da testa. Quando o João a viu, quis fugir, mas a mulher gigante apanhou-o e levou-o para o castelo.

— Querias fugir? Mas não foges! Vais ser meu criado. Porque é que eu não posso ter um criado, como todas as outras senhoras? Vais lavar a loiça, apanhar lenha, deitar milho às galinhas e coisas assim.

Mas, nisto, ouviu-se um grande barulho[11]:

Tum! Tum! Tum!

— Meu Deus! — disse a mulher gigante. — É o meu marido! Ai! Ai! Ele gosta tanto de comer rapazinhos... Ai! Ai! Ele não te pode ver aqui.

A mulher gigante olhou em volta e disse:

— Aqui, depressa, esconde-te aqui!

E escondeu o João num armário[12].

O gigante entrou na cozinha para tomar o seu pequeno-almoço e disse:

— Ai, Maria! Estou com tanta fome! Era capaz de comer três vacas inteiras! Mas... Mas... cheira aqui a rapazinho...

Como gostava de música, o gigante começou a cantar, muito contente:

Cheira-me aqui a rapaz
Muito tenrinho[13] e rosado[14]
É só saber onde estás
E faço de ti um grelhado[15]

[11] Barulho: som alto.
[12] Armário
[13] Tenro: fácil de mastigar e comer.
[14] Rosado: com a pele cor de rosa.
[15] Grelhado: comida cozinhada na grelha.

— És tolo, homem! — disse a mulher gigante. – Não há aqui rapazinho nenhum. Come o teu pão com queijo e cala-te[16].

Mas o gigante continuou a cantar:

[16] Calar-se: não dizer nada.

Cheira, cheira a rapazinho
Não o ouço nem o vejo
Acordo eu tão cedinho[17]
E só como pão com queijo

[17] Cedinho: muito cedo.

O João continuava dentro do armário e espreitava pelo buraco da fechadura[18].

Depois de comer tudo, o gigante chamou uma galinha:

— Galinha, vem cá!

E apareceu uma galinha castanha. O gigante pôs a galinha em cima da mesa e disse-lhe:

— Põe um ovo!

E a galinha pôs um ovo de ouro.

O gigante riu-se de contente.

Depois, o gigante chamou uma harpa[19] de ouro:

— Harpa, quero-te aqui!

E apareceu uma pequena harpa. O gigante disse-lhe:

— Toca!

E a harpa começou a tocar, sozinha, uma música muito bonita. Passado um pouco, o gigante já estava com os olhos fechados e a ressonar[20] ao som da música. Quando o João viu que o gigante estava a dormir, saiu do armário, agarrou na galinha e na harpa e saiu da cozinha a correr.

[18] Espreitar pelo buraco da fechadura

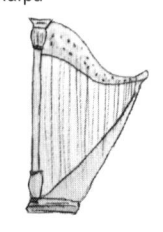

[19] Harpa

[20] Ressonar: fazer muito barulho a dormir.

Mas, por azar, o gigante acordou nesse instante. Primeiro, ficou muito espantado, pois não viu a galinha nem a harpa. Depois, olhou pela janela da cozinha e viu o João a correr lá fora, com a harpa na mão e a galinha debaixo do braço. Sem perder tempo, o gigante foi a correr atrás dele. Mas o João corria muito mais depressa do que o gigante e chegou primeiro ao feijoeiro.

Quando foi a vez de o gigante chegar ao pé do feijoeiro, olhou para baixo e viu o João a descer pelo tronco abaixo. Ia com a harpa na boca e a galinha na cabeça. O gigante começou a descer também, mas o João descia muito mais depressa e já estava quase a chegar ao chão.

Quando chegou ao chão, o João foi logo buscar um machado[21]. Começou então a cortar o feijoeiro, junto ao chão.

Cortou, cortou até que o feijoeiro caiu. O gigante caiu também e fez um grande buraco no chão, pois era um gigante muito pesado. Fez um buraco tão grande, tão grande que só parou no outro lado do mundo. Ninguém mais o viu.

A partir desse dia, o João e a sua mãe nunca mais foram pobres. A galinha castanha continuava a pôr um ovo de ouro todos os dias. E, nas noites de verão, o João e a mãe sentavam-se à porta de casa, para se refrescarem, e ficavam a ouvir a harpa a tocar.

[21] Machado

Exercícios

1. O João e a sua mãe moravam numa quinta. Sublinha as palavras corretas.
   O João e a sua mãe eram:

   tolos   ricos   preguiçosos   trabalhadores   mentirosos   pobres

16) 2. Ouve o texto. Diz se as afirmações são verdadeiras (V) ou falsas (F).

   a) A mãe está a dizer o que o João tem de fazer no dia seguinte. ☐
   b) A mãe quer vender a vaca porque ela come muito. ☐
   c) A vaca mudou de dono. ☐
   d) A mãe sabia que ninguém queria comprar a vaca. ☐
   e) A feira ficava na cidade. ☐

3. O João levou a vaca para a vender na feira. Escolhe a opção certa.

   a) No caminho para a cidade, o João
      perdeu a vaca. ☐
      comeu feijões. ☐
      encontrou um velho. ☐

   b) O homem disse ao João que
      iam crescer muitos mais feijões. ☐
      o feijoeiro ia crescer até ao céu. ☐
      ia ter muitos feijões mágicos. ☐

   c) O João
      vendeu a vaca ao homem. ☐
      trocou a vaca por três feijões. ☐
      nunca mais se lembrou da vaca. ☐

   d) Quando o João contou à mãe o que se passou, ela ficou
      muito contente. ☐
      muito zangada. ☐
      muito curiosa. ☐

e) Depois de ouvir a mãe, o João
   comeu os feijões. ☐
   semeou os feijões. ☐
   deitou os feijões fora. ☐

4. O velho tinha razão. Preenche os espaços com as palavras abaixo. Atenção: há três palavras a mais. Não vais precisar delas.

(filho)   (céu)   (palácio)   (gigante)

(criado)   (cimo)   (castelo)

O João subiu pelo feijoeiro até ao _____(1). Quando lá chegou, viu um _____(2).
Uma mulher _____(3) apanhou o João. Ela achou que o João podia ser seu _____ (4).

5. Mas, nisto, ouviu-se um grande barulho. Liga as perguntas às respostas.

   a) Quem fez barulho ao entrar na •   • (1) A mulher gigante.
      cozinha?
   b) Quem escondeu o João dentro •   • (2) O João.
      do armário?
   c) Quem fugiu da cozinha?   •   • (3) O gigante.

6. Ordena as palavras de forma a teres frases corretas.

   a) Como é que o João fugiu do gigante?
      João feijoeiro tronco O cortou do o.
      _____

   b) No fim, o que aconteceu ao gigante?
      fez O caiu gigante um buraco e no chão.
      _____

7. No fim da história, o João e a mãe já não eram pobres. Liga as partes para formares frases.

   a) A galinha punha •   • (1) a harpa a tocar•   • (i) todos os dias.
   b) O João e a mãe ouviam • • (2) um ovo de ouro • • (iii) todas as noites.

9. O flautista de Hamelin

Antigamente, Hamelin era uma cidade muito importante. Tinha um grande rio e um porto.

Como era uma cidade rica, Hamelin tinha muitos habitantes. E tinha também muitos ratos.

Em Hamelin, havia ratos por todo o lado: nas gavetas, nos armários, nas camas, nas panelas, nos bolsos dos casacos, dentro das botas e nos chapéus. Os ratos ratavam[1] o pão, comiam o queijo e nadavam nos pipos[2] de vinho.

Nem gatos, nem cães, nem venenos, nem ratoeiras[3] — nada fazia desaparecer os ratos. As pessoas já nem conseguiam dormir por causa de tantos ratos.

Um dia, os habitantes da cidade juntaram-se na Praça[4] Grande, onde estava a casa do chefe da cidade. Toda a gente gritava:

[1] Ratar: comer bocadinhos de pão, fruta ou outro alimento qualquer.

[2] Pipo

[3] Ratoeira

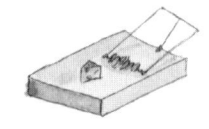

[4] Praça

— Os ratos não nos dão paz e o chefe nada faz!!

— O chefe não faz nada!

— O chefe nada faz!

O chefe da cidade, cheio de medo da multidão, não abriu a porta nem veio à janela.

Então, no coreto[5] da praça, sem ninguém saber como, apareceu um rapaz muito esquisito: era alto, vestia-se com uma roupa colorida e, na cabeça, tinha um grande chapéu com duas penas[6]. Usava um lenço vermelho ao pescoço e, preso ao lenço, trazia uma flauta.

Quando ele falou, todos olharam para ele:

— Eu consigo tirar os ratos da cidade — disse o rapaz em voz alta. — No fim do meu trabalho, vocês pagam-me mil moedas de ouro.

Toda a gente disse logo que sim. O chefe da cidade, quando ouviu isto, veio à janela e também disse que pagava:

— O importante é os ratos desaparecerem da cidade de uma vez por todas! — exclamou o chefe da cidade, agora mais corajoso[7].

No momento seguinte, o rapaz começou a tocar na sua flauta uma música muito bonita. As primeiras notas eram suaves e longas. Depois, a música ganhou um som mais vibrante[8], mais frenético[9], mais... mágico.

E aconteceu uma coisa fantástica: enquanto ele tocava, os ratos começaram a sair de todas as portas, janelas e buracos; de todas as caixas, gavetas[10] e potes. Ratos e mais ratos, que corriam para a praça. A música

---

[5] Coreto

[6] Penas: as aves (ou pássaros) têm o corpo coberto de penas.

[7] Corajoso: que não tem medo.

[8] Vibrante: vivo e forte.

[9] Frenético: muito rápido e com muita energia.

[10] Gaveta

do flautista chamava os ratos para perto dele. Num instante, a praça ficou cheia de ratos.

Então, o flautista começou a caminhar lentamente em direção ao rio. Ia tocando sempre enquanto caminhava e todos os ratos iam atrás dele, numa grande fila[11]. Quando chegou ao rio, o flautista entrou na água, sempre a tocar. E aconteceu uma coisa ainda mais fantástica: os ratos saltaram também para a água e afogaram-se.

Nessa noite, pela primeira vez em muitos meses, os habitantes de Hamelin puderam dormir descansados.

Na manhã seguinte, o flautista foi a casa do chefe da cidade e pediu-lhe as mil moedas de ouro, mas o chefe respondeu-lhe:

— Mil moedas de ouro? Meu caro amigo, não achas que isso é de mais? Então não vês que nós não temos tanto dinheiro? Nesta cidade não se podia trabalhar com tantos ratos. E sem trabalho não há dinheiro.

O flautista não disse nada. Saiu em silêncio de casa do chefe da cidade. Na praça, estavam os habitantes de Hamelin para ver o flautista partir[12].

Entretanto, alguém disse em voz alta:

— Olha para ele! Queria mil moedas de ouro! Que explorador[13]!

E outras pessoas diziam também:

— És muito esperto, és! Achas que só por tocares flauta podes ganhar rios de dinheiro. Vai mas é trabalhar!

O flautista, a princípio, continuou em silêncio, mas por fim disse:

[11] Fila (de ratos): um conjunto de ratos em que cada rato vai atrás de outro.

[12] Partir (neste contexto): ir-se embora.

[13] Explorador: pessoa que explora outra, i. e., que a trata de uma maneira injusta para lhe tirar dinheiro.

— Se não pagam vocês, pagam os vossos filhos.

Ao ouvirem isto, as pessoas riram-se e disseram:

— Vai-te mas é embora, que não fazes cá falta nenhuma! Vai explorar outros!

E foi aí que aconteceu uma coisa terrível. O flautista levou a flauta à boca e começou a tocar. E a música que tocava fez tremer[14] a terra, o ar e a água. E mais: os habitantes de Hamelin ficaram paralisados[15] e mudos[16]. Não se conseguiam mexer nem falar.

Mas o pior aconteceu com as crianças. Começaram a aparecer na praça duas crianças, seis crianças, dez crianças, cada vez mais crianças. Os meninos e as meninas juntavam-se à volta do flautista. Saíam de todas as casas, de todos os pátios, de todos os jardins para se irem juntar ao flautista.

Quando já todas as crianças de Hamelin estavam reunidas na praça, o músico começou a caminhar lentamente para fora da cidade, em direção à montanha. As crianças seguiam sempre atrás do flautista, numa grande fila. Os adultos viam-nas ir, mas não conseguiam chamá-las nem mexer-se.

Quando chegou à montanha, o flautista, com todos os meninos e meninas atrás dele, entrou num grande buraco. Depois disso, nunca mais ninguém os viu.

Os habitantes de Hamelin procuraram as suas crianças durante muito tempo, mas nunca as encontraram. Pais e avós choraram os seus filhos e netos durante muitos anos.

---

[14] Tremer: fazer pequenos movimentos rápidos, para um lado para o outro, para cima e para baixo.

[15] Paralisado: sem se conseguir mexer.

[16] Mudo: sem conseguir falar.

Exercícios

1. Em Hamelin, havia ratos por todo o lado. As imagens abaixo mostram alguns dos sítios onde os ratos se escondiam. Legenda as imagens.

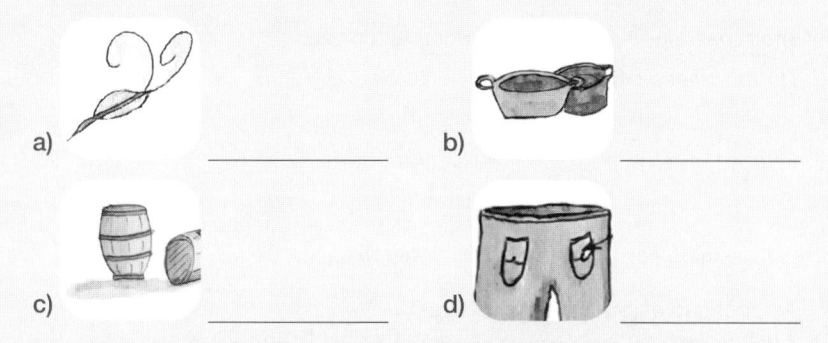

a) _____   b) _____

c) _____   d) _____

2. O que faziam as pessoas para não terem tantos ratos? Lê as frases e marca com uma cruz (X) as três frases que respondem à pergunta.

a) Tinham gatos para caçarem os ratos. ☐
b) Envenenavam os ratos. ☐
c) Afogavam os ratos em pipos de vinho. ☐
d) Punham ratoeiras para apanharem os ratos. ☐
e) Usavam música para os ratos fugirem. ☐

18))) 3. Ouve o texto.
Como os ratos não desapareceram, as pessoas foram para a Praça Grande.

Responde verdadeiro (V) ou falso (F).

a) O chefe morava no centro da cidade. ☐
b) A casa do chefe não tinha portas nem janelas. ☐
c) Os habitantes da cidade foram visitar o chefe. ☐
d) O chefe estava doente e por isso não apareceu. ☐
e) As pessoas queriam voltar a ter paz. ☐
f) As pessoas gritavam de alegria. ☐
g) Os habitantes queriam obrigar o chefe a fazer alguma coisa. ☐

4. O que aconteceu a seguir? Ordena as frases de 1 a 7.

a) Os ratos morreram afogados. ☐
b) O rapaz tocou uma música na flauta. ☐
c) As pessoas e o chefe da cidade prometeram pagar mil moedas de ouro ao rapaz. ☐
d) Um rapaz muito estranho apareceu no coreto. ☐
e) O rapaz disse que tirava os ratos da cidade. ☐
f) Todos os ratos apareceram e seguiram o rapaz. ☐
g) O rapaz entrou no rio e os ratos foram atrás dele. ☐

5. Depois dos ratos mortos, o que fizeram as pessoas quando viram o flautista na praça? Assinala com uma cruz (X) a única resposta certa.

a) As pessoas agradeceram ao flautista. ☐
b) As pessoas despediram-se do flautista. ☐
c) As pessoas trataram mal o flautista. ☐
d) As pessoas pagaram ao flautista. ☐

6. Os habitantes e o chefe da cidade enganaram o flautista. O que é que ele fez a seguir? Preenche os espaços. Usa apenas uma palavra em cada espaço.

Quando o flautista tocou pela segunda vez, tudo à sua volta começou a _____(1). Os habitantes ficaram _____ (2), ou seja, não se podiam mexer. Os habitantes também ficaram _____(3), isto é, não conseguiam falar.

Depois, os meninos e as meninas da cidade foram atrás do flautista até à _____(4). Quando aqui chegaram, entraram num _____(5). As pessoas viram aquilo, mas não puderam fazer _____(6).

10. A Bela e o Monstro

Era uma vez um mercador[1] muito rico que tinha seis filhos e seis filhas. A família vivia na cidade, numa casa grande, com criados. O mercador era dono de uma frota[2] de cinco barcos, que transportavam muitas mercadorias[3] de uns países para os outros.

Os filhos do mercador estavam habituados a ter tudo aquilo que queriam. Tudo o que eles pediam, o pai comprava. As filhas, em especial, só pensavam em vestidos caros e joias. Ao final da tarde, iam passear pela cidade e encontrar-se com as amigas.

Só a filha mais nova era diferente. Na verdade, a irmã mais nova não tinha interesse nenhum em vestidos, nem em joias e raramente saía com as irmãs para passear. Ela preferia passar o tempo na biblioteca a ler. Além de inteligente, a irmã mais nova era muito bonita. Quando passava na rua, as pessoas olhavam para ela e todas diziam que aquela era a mais bonita das filhas

[1] Mercador: comerciante; que vende mercadorias; vendedor.

[2] Frota: conjunto de barcos.

[3] Mercadoria: produto que se compra e vende.

[4] Belo: bonito.

[5] Porém: mas.

[6] Pegar fogo: começar a arder.

[7] Incêndio

[8] Afundar-se: ir para debaixo de água.

[9] Miséria: muita pobreza, ficar muito pobre.

[10] Herança: dinheiro, casa ou terra que os pais, quando morrem, deixam aos filhos

[11] Ter saudades: sentir falta de alguma pessoa ou coisa e ficar muito triste por causa disso.

do mercador. Por isso, todos a chamavam de Bela[4].

A família vivia feliz e sem preocupações.

Porém[5], em poucos dias, toda esta felicidade desapareceu. A casa do mercador pegou fogo[6] e nada se salvou do incêndio[7]. Arderam livros, mobília, quadros e vestidos. Para maior azar, logo a seguir, houve uma grande tempestade no mar e os barcos do mercador afundaram-se[8] e toda a mercadoria se perdeu.

Depois destas duas tragédias, o mercador ficou na miséria[9]. Por sorte, o homem tinha de herança[10] uma pequena casa numa aldeia distante. A família mudou-se para lá.

A vida na aldeia não era fácil. Como não havia criados, os irmãos de Bela tinham de trabalhar nos campos e as irmãs, assim como Bela, tinham de fazer as tarefas de casa.

As irmãs passavam o dia a chorar, pois tinham saudades[11] dos seus vestidos, das suas joias e dos passeios pela cidade. E tinham ainda mais saudades das suas criadas, que antes faziam todo o trabalho.

Bela era a única que não chorava, apesar de também se sentir triste. Bela trabalhava e mostrava aos seus irmãos como era importante trabalhar, ter coragem e acreditar num futuro melhor.

Um dia, o pai recebeu uma carta. Essa carta informava-o de que estava um barco no porto da cidade. Muito provavelmente, o barco era dele. O mercador ficou muito contente com esta notícia e já dizia aos filhos que iam ficar ricos outra vez:

— Meus filhos! A nossa sorte voltou! Vamos voltar a ter tudo o que antes tínhamos. Amanhã vou à cidade e trago-vos uma prenda para cada um — disse o pai, muito entusiasmado. — Podem pedir! Que prendas é que vocês querem?

As irmãs mais velhas disseram logo que queriam joias e vestidos. Bela, porém, pediu apenas uma rosa vermelha.

Ao outro dia, o mercador alugou[12] um cavalo e viajou até à cidade. Quando chegou ao porto, não queria acreditar no que os seus olhos viam. O barco era seu, é certo, mas estava completamente destruído: velas[13] rasgadas, leme[14] partido, buracos na proa[15] Dentro do barco, já nem havia mercadoria nenhuma. O barco estava vazio. O mercador não podia fazer nada, apenas voltar para casa, tão pobre como dantes.

Caiu a noite e começou a nevar. Era difícil ver o caminho. E o mercador, em vez de ir pela estrada principal, foi pelo caminho da floresta. Passado pouco tempo, já não sabia onde estava. Andou às voltas na floresta durante horas. Era muito tarde já. O mercador sentia-se muito fraco. Estava cheio de fome e muito cansado.

Andou, andou até que viu uma clareira[16] e, a seguir, um magnífico jardim. Aproximou-se, devagar. O jardim era de um palácio esplendoroso[17]. O mercador parou a olhar para o palácio, de boca aberta. Como estava

[12] Alugar: pagar para poder usar uma coisa que é de outra pessoa.

[13] Velas de barco

[14] Leme

[15] Proa: parte da frente de um barco.

[16] Clareira: sítio no meio de uma floresta, onde não há árvores.

[17] Esplendoroso: muito bonito e muito caro.

muito frio, não pôde estar assim muito tempo. Desceu do cavalo e decidiu entrar no palácio.

Empurrou a grande porta de madeira e perguntou:

— Está aqui alguém?

Ninguém respondeu. Então, subiu as escadas e entrou na sala de jantar. A lareira estava acesa. Na mesa, havia pão, vinho, carne assada, peixe grelhado, uvas, figos, bolo de chocolate e outras coisas deliciosas. O mercador voltou a perguntar:

— Ei! Está por aqui alguém?

Mas ninguém respondeu. Ele ainda esperou um pouco, mas, como estava cheio de fome, começou a comer. E comeu muito. No fim, sentiu muito sono. Sentou-se no sofá em frente à lareira e adormeceu imediatamente[18]. De manhã, quando acordou, o mercador olhou à sua volta. Em cima da mesa estava já o seu pequeno-almoço: leite, queijo e fruta fresca. Depois de tomar o pequeno--almoço, o mercador passeou um pouco pelo palácio. Queria encontrar alguém e agradecer a hospitalidade[19]. Como não encontrou ninguém, foi buscar o cavalo para ver se finalmente encontrava o caminho para casa.

Quando estava a passar pelo jardim do palácio, o mercador viu uma linda roseira, cheia de rosas vermelhas. Ao ver as rosas, lembrou-se de Bela. Desceu então do cavalo e apanhou a rosa mais bonita do jardim. Nesse momento, apareceu, não se sabe de onde, um monstro muito grande e muito feio. O horrendo bicho[20] perguntou-lhe, numa voz grossa e forte:

[18] Imediatamente: logo; no momento a seguir.

[19] Hospitalidade: receber alguém em nossa casa, dar-lhe de comer e de dormir, é ter hospitalidade ou ser hospitaleiro.

[20] Bicho: animal.

— O que estás tu a fazer?! Então eu dou-te de comer, deixo-te dormir no meu palácio e tu, em vez de me agradecer, roubas as minhas rosas?!!

O homem apanhou um susto de morte[21]!

— Eu... Eu... — começou a dizer. — Eu... só apanhei uma, só uma... rosa, porque... a minha filha mais nova pediu-me uma rosa vermelha. Mas muito, muito obrigado pelo jantar e pela hospitalidade. Agradeço-lhe muito.

O Monstro, mesmo assim, continuou muito zangado:

— Não me interessa! Vais morrer pelo que fizeste!

O mercador caiu de joelhos no chão[22] e disse, a chorar:

— Não me mate, senhor, tenho doze filhos, seis rapazes e seis raparigas, que precisam de um pai. Deixe-me ir para casa, senhor!

O Monstro ficou pensativo por um momento e depois disse:

— Posso perdoar-te, mas com uma condição: dás-me uma das tuas filhas. Ela viverá aqui comigo para sempre.

— Como posso eu fazer isso, senhor? Como posso obrigar[23] uma filha minha a viver aqui? — perguntou o mercador, desesperado[24].

— Ela deve vir por sua livre vontade[25] — respondeu o Monstro. — Vai e volta com a tua filha. Se não voltares com ela, eu vou-te buscar, podes ter a certeza!

O mercador prometeu[26] voltar, com filha ou sem filha, e,

[21] Apanhar um susto de morte: se a pessoa apanha um susto de morte é porque fica, de repente, com muito medo.

[22] De joelhos no chão

[23] Obrigar: forçar alguém a fazer uma coisa que ela não quer.

[24] Desesperado: aflito

[25] Livre vontade: quando alguém faz uma coisa de sua livre vontade, não faz essa coisa por ser obrigado (ou forçado) a fazê-la.

[26] Prometer: se prometemos uma coisa a alguém dizemos-lhe que, de certeza, vamos fazer essa coisa no futuro.

assim que pôde, montou no cavalo e foi-se embora dali. Levava na mão a rosa vermelha para dar a Bela.

Quando finalmente o mercador chegou a casa, os filhos ficaram muito contentes e perguntaram pelas suas prendas[27].

— Desculpem — disse o pai —, mas só consegui trazer a rosa vermelha que a Bela me pediu.

E entregou a rosa à filha.

— Muito obrigada! É uma rosa muito bonita! — disse Bela.

— É bonita, mas é a rosa da desgraça! — disse o pai, e contou-lhes que o Monstro queria ter na sua casa uma das suas filhas. Uma delas tinha de ir viver com o Monstro no palácio, para sempre. Caso contrário, o Monstro matava-o.

As filhas mais velhas fingiam que não ouviam nada do que o pai estava a dizer, mas Bela disse:

— Querido pai, tu trabalhaste sempre para nós. Está na hora de eu fazer alguma coisa por ti. O Monstro não te vai matar. Eu vou viver para o palácio. Está descansado.

Na manhã seguinte, a Bela e o pai viajaram através da floresta durante todo o dia em direção ao palácio.

Quando lá chegaram, Bela ficou fascinada com o jardim de rosas. A seguir, pai e filha entraram no palácio. Empurraram a grande porta de madeira, subiram as escadas e entraram na sala de jantar. A lareira estava acesa e a mesa pronta para o jantar.

---

[27] Prenda: presente.

— Vê, pai, isto aqui, afinal, até é bom! — disse Bela, a rir, só para o pai ficar mais contente.

Mas, de repente, ouviram um grande barulho e logo a seguir o Monstro apareceu à porta da sala de jantar. Bela tremia de medo, mas olhava para o Monstro de frente, olhos nos olhos.

— Boa noite, bom velho. Boa noite, menina — disse o Monstro, numa voz calma e gentil.

O mercador estava demasiado assustado para dizer alguma coisa, mas Bela respondeu:

— Boa noite, Monstro.

— Vieste por tua livre vontade? — perguntou o Monstro.

— Por minha livre vontade, sim — respondeu Bela.

— Muito bem — disse o Monstro. E falando para o mercador:

— Amanhã, bom velho, logo ao nascer do sol, dizes adeus à tua filha e regressas[28] a casa. O vosso jantar está pronto. Adeus.

E o Monstro desapareceu.

De manhã, pai e filha despediram-se[29], a chorar.

Nesse dia, Bela não viu o Monstro, pois passou todo o tempo no seu quarto, muito triste. Mas, ao outro dia, acordou um pouco mais contente. Saiu do seu quarto e foi à sala de jantar. O pequeno-almoço estava em cima da mesa. Depois de comer qualquer coisa, foi explorar o palácio.

Passou por vários corredores[30], subiu escadas, desceu escadas, até que encontrou a biblioteca. Era uma

[28] Regressar: voltar para o sítio de onde se saiu.

[29] Despedir-se: dizer adeus a uma pessoa.

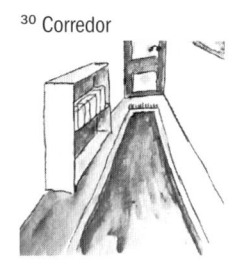

[30] Corredor

[31] Teto

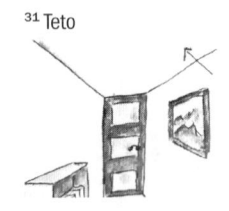

magnífica biblioteca! As paredes estavam cheias de livros, desde o chão até ao teto[31]! Tinha todo o tipo de livros: livros de história, livros de ciência, livros de aventuras, livros de mistério... Bela escolheu um livro e sentou-se no sofá, a ler. Quando acabou de ler, viu que o Monstro estava ali ao seu lado e assustou-se um pouco.

— Achas que podes ser feliz aqui? — perguntou o Monstro.

— Eu? A mim não me falta nada e aqui tudo é esplendoroso... o que posso eu querer mais? — respondeu Bela.

O Monstro pareceu sorrir e saiu.

Ao outro dia, Bela voltou à biblioteca, tirou um livro de uma estante e sentou-se perto de uma janela, a ler. Desta janela, Bela podia ver o jardim e, mais além, a floresta.

Passado um pouco, Bela parou de ler, olhou pela janela e viu uma coisa muito interessante: o Monstro estava no meio do jardim a olhar para um passarinho amarelo que estava num ramo de uma roseira. O Monstro sorria e o seu sorriso era encantador[32]. Bela percebeu nesse momento que o Monstro era gentil e sensível, apesar de monstruosamente grande e feio.

Bela continuou a ler. De repente, tal como no dia anterior, o Monstro estava ali a seu lado. Bela já não teve medo. E os dois começaram a conversar. Conversaram sobre o tempo, os livros da biblioteca, as roseiras do jardim...

[32] Encantador: belo e agradável.

Durante vários dias, a Bela e o Monstro encontravam-se na biblioteca. E falavam um com o outro, durante horas. Passaram-se os dias, passaram-se os meses e Bela começou a sentir saudades de casa, do pai e dos irmãos. Preocupava-se com eles e queria saber se estava tudo bem em sua casa.
O Monstro viu que ela andava triste e, um dia, perguntou-lhe se havia algum problema. Bela respondeu-lhe, sem medo:
— Tenho saudades dos meus irmãos e do meu pai. Gostava muito de os poder voltar a ver.
O Monstro ficou desesperado com a resposta de Bela:
— Oh, Bela! Bela! Tu dizes isso porque te queres ir embora. E queres ir-te embora porque me odeias[33]. É isso, não é? Claro que é! Que estúpido eu sou! Pois qual é a jovem[34] que deseja viver com um monstro? Não, não é possível!
Bela então explicou-lhe, com calma, que não o odiava, que gostava de estar ali, mas que também sentia muito a falta do seu pai e dos irmãos. O Monstro acalmou-se e, por fim, disse:
— Bela, não sei dizer-te que não. Vai ter com a tua família, mas promete-me que voltas daqui a dois meses.
Bela, muito feliz, prometeu voltar.
Ao outro dia de manhã, Bela partiu a cavalo através da floresta, em direção a casa.
Quando Bela bateu à porta de casa já era quase de noite. Um dos irmãos veio abrir. Quando viu Bela, soltou

[33] Odiar: o contrário de amar.

[34] Uma jovem: mulher nova. Um jovem: homem novo.

um grito de espanto. Todos os irmãos vieram ver Bela. O pai, quando a viu, chorou de alegria.

O tempo que Bela passou com a sua família passou muito rápido, pois foi um tempo de grande felicidade. Durante esse tempo, os irmãos de Bela diziam-lhe muitas vezes que ela não devia voltar para o palácio, mas Bela respondia sempre:

— Não, não! Se prometi, tenho de cumprir[35].

Na véspera[36] do regresso ao palácio, Bela teve um sonho terrível. Sonhou que o Monstro estava deitado no chão da sala de jantar e que respirava com muita dificuldade. O Monstro estava a morrer!... Bela acordou de repente, assustada.

De manhã muito cedo, ainda era de noite, Bela partiu para o palácio. Quando lá chegou, procurou o Monstro por todo o lado, mas não o encontrou. Bela estava cada vez mais aflita,

— Monstro! Monstro! Onde estás?

Ninguém respondia.

Bela voltou a perguntar:

— Monstro, diz-me onde estás! Estás bem?

Silêncio. Bela continuava a andar de sala em sala, de quarto em quarto, à procura do Monstro.

— Monstro, querido Monstro, onde estás?!!

E caiu no chão, a chorar.

Bela amava o Monstro, apesar de monstro.

Quando abriu os olhos, viu um belo rapaz a seu lado.

---

[35] Cumprir uma promessa; cumprir o que prometeu: a pessoa cumpre uma promessa quando faz aquilo que disse que ia fazer.

[36] Véspera: dia anterior.

— O Monstro? Onde está o Monstro? — perguntava Bela, e olhava em volta.

— O Monstro sou eu! Quer dizer... o Monstro era eu — respondeu o rapaz. — Eu sou... o príncipe de um reino distante. Uma feiticeira transformou-me em monstro, mas o feitiço desfez-se porque... porque... — O príncipe estava um pouco envergonhado[37] e não conseguia acabar a frase.

— Porque eu te amei, apesar de seres um monstro — disse Bela.

Não passou muito tempo quando ali se festejou o casamento mais espetacular[38] do século. O casamento da Bela e do príncipe.

Durante toda a sua vida, Bela amou sempre o seu príncipe, de todo o coração. Mas quando o príncipe não lhe fazia a vontade[39], ela dizia-lhe:

— És um monstro! — e ria-se.

[37] Envergonhado: quando uma pessoa sente vergonha fica envergonhada. Sentir vergonha: sentir-se nervoso, porque se fez ou tem alguma coisa errada.

[38] Espetacular: fantástico, magnífico.

[39] Fazer a vontade a alguém: quando uma pessoa faz a vontade a outra pessoa, faz aquilo que ela quer.

Exercícios

20) 1. Ouve as perguntas. Sublinha a resposta certa.

a) (Pescador.) (Vendedor.) (Mercador.) (Agricultor.)

b) (Sete filhos.) (Quatro filhos.) (Doze filhos.) (Dois filhos.)

c) (Sim.) (Não.)

d) (Vestir vestidos caros.) (Ler livros.) (Passear com as amigas.)

e) (Porque era inteligente.) (Porque era muito bonita.)

(Porque era bondosa.)

2. Um dia, o mercador e a sua família deixaram de ser ricos. Diz os dois acontecimentos que mudaram a vida destas pessoas.

_____

_____

3. A vida mudou.

Liga para formares frases certas.

a) O mercador e a sua família   (1) choravam com saudades dos vestidos.

b) Os seis filhos   (2) faziam as tarefas de casa.

c) As seis filhas   (3) trabalhavam no campo.

d) As cinco filhas   (4) foram viver para uma casa pequena na aldeia.

4. Preenche os espaços. Usa apenas uma palavra.

Um dia, o mercador recebeu uma _____ (1). Depois disso, ele foi à cidade ver se o barco que estava no _____ (2) era seu. O barco, de facto, era dele, mas estava todo estragado e já não tinha mercadoria nenhuma lá dentro. Estava completamente _____(3). Quando viu aquilo, o mercador percebeu que ia continuar _____(4), pois não tinha barcos nem dinheiro para comprar novas mercadorias.

5. O mercador decidiu regressar a casa.

   Ordena as frases. Escreve os números de 1 a 8.

   a) O mercador entrou no palácio e não viu ninguém. ☐
   b) O mercador perdeu-se na floresta. ☐
   c) O mercador jantou na sala de jantar. ☐
   d) Anoiteceu e começou a nevar. ☐
   e) O mercador foi pelo caminho da floresta. ☐
   f) Depois de andar durante muitas horas, o mercador entrou num jardim de um palácio. ☐
   g) Antes de sair do palácio, o mercador tomou o pequeno-almoço. ☐

6. Quando o Monstro apareceu no jardim, o mercador ficou muito assustado.

   Liga de forma a formares frases corretas.

   a) O Monstro ficou muito zangado   (1) o pedido do Monstro.
   b) O mercador pediu desculpa   (2) ao mercador.
   c) O Monstro pediu uma filha   (3) ao Monstro.
   d) O mercador ficou aflito com   (4) com o mercador.

7. **Preenche os espaços. Usa apenas uma palavra.**

   No dia seguinte, o mercador e a Bela foram para o _____(1). O Monstro apareceu e conversou com a _____(2). A seguir, disse ao _____(3) para se ir embora no dia seguinte de manhã.

8. A Bela passou a viver no palácio.

   Escreve V (verdadeiro) e F (falso) à frente de cada frase.

   a) O palácio era pequeno. ☐
   b) A Bela lia vários livros na biblioteca. ☐
   c) A Bela e o Monstro conversavam no jardim. ☐
   d) A Bela sentia falta da sua família. ☐
   e) O Monstro obrigou Bela a visitar a sua família. ☐

9. Quanto tempo a Bela esteve em casa da sua família?

Sublinha a opção certa.

(30 dias.)   (Dois meses.)   (Meio ano.)

10. No dia antes de regressar ao palácio, Bela teve um sonho.

O que é que ela viu no sonho?

_____

11. A Bela chegou ao palácio.

Escreve uma cruz (X) na opção certa.

a) A Bela entrou no palácio e

   encontrou o Monstro na biblioteca. ☐
   encontrou o Monstro no jardim. ☐
   não encontrou o Monstro. ☐

b) A Bela ficou aflita e

   começou a cantar. ☐
   começou a chorar. ☐
   começou a gritar. ☐

c) O Monstro transformou-se num príncipe

   porque Bela o amava. ☐
   porque não quis ser mais monstro ☐
   porque queria ser bonito. ☐

d) O príncipe e a Bela casaram-se

   e foram viver com o mercador. ☐
   e tiveram muitos filhos. ☐
   e foram felizes. ☐

11. A galinha ruiva

Era uma vez uma galinha ruiva[1] que vivia numa quinta. Ela tinha doze pintainhos que comiam muito. A galinha tinha de lhes dar de comer todos os dias. Por isso, passava o dia à procura de minhocas[2]. Raspava o chão com as patas[3] para levantar a terra e encontrava, em geral, minhocas bem gordinhas. Os pintainhos andam sempre atrás da galinha para ela lhes dar minhocas.

A galinha ruiva era uma boa mãe e gostava de ver os seus filhos bem gordinhos.

Um dia, em vez de minhocas, a galinha ruiva encontrou três sementes de trigo[4].

Os pintainhos, assim que[5] viram as sementes, queriam logo comê-las, mas a galinha disse:

— Quietos! Quietinhos! Xô para lá! Estas sementes são para semear, não são para comer, seus comilões[6]!

[1] Ruivo: com cabelo (ou penas) de cor vermelha.

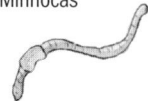

[2] Minhocas

[3] Raspar o chão com as patas: fazer pequenos movimentos repetidos e fortes com as patas contra o chão.

[4] Trigo

[5] Assim que: quando, no momento em que.

[6] Comilão: aquele que come muito.

[7] Farinha

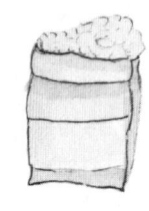

[8] Regar: deitar água.

[9] Colher: cortar o trigo; apanhar.

[10] Lama: mistura de água com terra.

A galinha sabia que era importante semear as sementes e explicou isso mesmo aos seus filhos:

— Depois de semear a semente, nasce a planta. Depois, a planta dá o trigo. Depois, o trigo dá a farinha[7]. Depois, a farinha dá pão. Depois...

— Comemos o pão! – disseram os pintainhos.

Mas a galinha tinha um problema. Semear, regar[8] e colher[9] dava muito trabalho e, enquanto não tinha o pão, a galinha precisava de encontrar minhocas.

A galinha decidiu então pedir ajuda. Na quinta, viviam um porco, um gato e um rato. O porco passava o dia a tomar banho na lama[10]. O gato passava o dia a dormir ao sol. O rato passava o dia a correr de um lado para o outro, sabe-se lá a fazer o quê.

A galinha foi ter com eles e perguntou-lhes:

— Quem me ajuda a semear estas sementes?

— Eu não! — disse o porco —, tenho muito calor.

— Eu é que não! — respondeu o gato. — Tenho muito sono.

— Eu também não! — respondeu o rato —, não tenho tempo.

— Está bem. Eu faço o trabalho sozinha — disse a galinha.

E assim foi.

O tempo passou. O trigo cresceu. Era agora tempo de colher o trigo. A galinha ruiva foi outra vez perguntar aos seus colegas:

— Quem me ajuda a colher o trigo?

E eles responderam a mesma coisa:

— Eu não!

— Eu também não!

— Eu é que não!

— Está muito bem, então. Eu faço o trabalho sozinha — disse a galinha.

E assim aconteceu. Com o seu bico[11], a galinha cortou o trigo.

No fim, a galinha ficou bastante cansada. Mas ainda faltava levar o trigo ao moinho[12], para fazer a farinha. O moinho ficava em cima de um monte.

A galinha já não tinha esperança[13] nenhuma nos seus amigos, mas mesmo assim perguntou-lhes:

— Como é que é? Quem me ajuda a levar este trigo ao moinho, lá no cimo do monte?

A resposta dos amigos foi a mesma de sempre:

— Eu não!

— Eu também não!

— Eu é que não.

— Já sabia! — respondeu a galinha. – Mas tudo bem. Vou eu.

A galinha meteu o trigo num saco, pôs o saco às costas e lá foi ela, pelo monte acima.

Ao outro dia, a galinha já tinha a farinha para fazer o pão. Quando o pão estava a cozer no forno[14], o ar ficou com um cheirinho[15] muito bom. O porco, o gato e o rato sentiram o cheiro e ficaram cheios de fome. Foram até ao forno e pediram um pouco de pão à galinha:

[11] Bico

[12] Moinho

[13] Esperança: uma pessoa com esperança é uma pessoa que espera ou acredita que uma coisa boa vai acontecer.

[14] Forno

[15] Cheirinho: quando respiramos e sentimos que o ar é bom e agradável.

— Querida amiga! Estás a fazer pão? Podemos comer um bocadinho?

A galinha respondeu:

— Ai agora?! Vocês não quiseram ajudar-me a plantar o trigo, nem o quiseram colher, nem me ajudaram a levá-lo ao moinho e agora querem comer pão? Não, não!

O porco, o gato e o rato não gostaram da resposta da galinha, mas sabiam que ela tinha razão.

Exercícios

22) 1. Ouve o texto. Preenche os espaços. Usa apenas uma palavra.

a) A galinha não era branca nem preta; era _____.

b) Os pintainhos todos os dias comiam _____.

c) A galinha raspava o chão. Para isso usava as _____.

d) A galinha ia para aqui e para ali e os pintainhos iam _____.

2. Um dia, a galinha ruiva encontrou três sementes de trigo. O que é que a galinha fez com essas sementes?

Escreve uma cruz (X) na opção certa.

a) A galinha deu as sementes aos pintainhos. ☐

b) A galinha guardou as sementes no saco. ☐

c) A galinha decidiu semear as sementes. ☐

3. O que faziam os animais da quinta? Liga o animal às suas ações.

a) O porco •   • (1) dormia ao sol.
b) O gato •   • (2) corria por todo o lado.
c) O rato •   • (3) tomava banho na lama.

4. A galinha pediu ajuda ao porco, ao gato e ao rato.

   Lê os balões de fala. Escreve o nome de cada animal na fala correspondente.

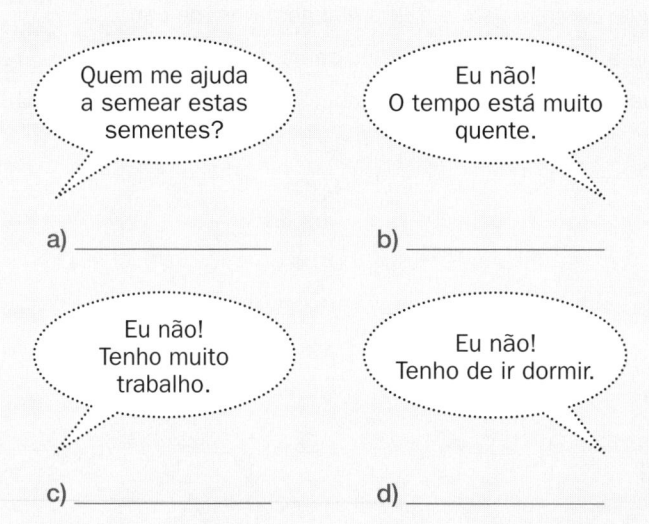

   > Quem me ajuda a semear estas sementes?

   > Eu não! O tempo está muito quente.

   a) _____   b) _____

   > Eu não! Tenho muito trabalho.

   > Eu não! Tenho de ir dormir.

   c) _____   d) _____

5. A galinha ruiva fez tudo sozinha. Ordena as frases. Liga os números de 1 a 5 a cada frase.

   1 •   • (a) A galinha cozeu o pão no forno.
   2 •   • (b) A galinha levou o trigo ao moinho.
   3 •   • (c) A galinha semeou as sementes de trigo.
   4 •   • (d) O trigo cresceu.
   5 •   • (e) A galinha colheu o trigo.

6. O rato, o porco e o gato nunca ajudaram a galinha. Sublinha a palavra certa.

   a) A galinha era muito

   (simpática)   (mentirosa)   (trabalhadora)   (preguiçosa)

   b) O rato, o porco e o gato eram

   (simpáticos)   (mentirosos)   (trabalhadores)   (preguiçosos)

7. A galinha disse que não dava o pão ao porco, nem ao gato, nem ao rato. Porquê? Escreve uma cruz (X) à frente da resposta certa.

a) Porque o porco, o gato e o rato não gostavam de pão. ☐

b) Porque a galinha e os pintainhos comeram o pão todo. ☐

c) Porque o porco, o gato e o rato nunca ajudaram a galinha. ☐

12. A Capuchinho Vermelho

Era uma vez uma menina muito bonita e muito amada pela sua mãe e avó. A menina tinha uma pequena capa vermelha com capuz[1]. Era uma prenda da sua mãe. A menina gostava muito dessa capa e andava sempre com ela vestida. Por isso, toda a gente a chamava de "Capuchinho Vermelho".

Um dia de manhã, a mãe da Capuchinho pediu-lhe para ela ir visitar a avó, que vivia sozinha do outro lado da floresta:

— Levas-lhe uma cesta[2] com um bolo e um pouco de manteiga.

Quando a cesta ficou pronta, a mãe deu-a à Capuchinho e disse-lhe:

[1] Capa com capuz

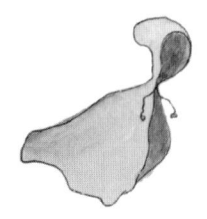

[2] Cesta: o mesmo que cesto.

[3] Lenhador: pessoa que tem por profissão cortar árvores na floresta para fazer lenha.

— Atenção, não deves ir pela floresta. A floresta é perigosa. Vai à volta, apesar de ser o caminho mais longo. E não fales com pessoas estranhas!

— Está bem, está bem... — respondeu a Capuchinho, enquanto vestia o seu capuz vermelho. Mas a Capuchinho não estava a ouvir nada do que a mãe lhe dizia.

A Capuchinho saiu de casa, muito contente, com o cesto na mão. No caminho até à floresta, falou com um lenhador[3], que lhe perguntou se ela estava a faltar à escola. Depois, falou com um viajante a cavalo, que lhe perguntou para que lado ficava o rio. A seguir, falou com um pastor, que lhe perguntou as horas.

Quando olhou para o relógio, a Capuchinho viu que já era tarde. Decidiu ir então pelo meio da floresta, para chegar mais depressa a casa da avó.

A meio do caminho, encontrou um lobo muito bem-falante:

— Querida menina, o que fazes aqui nesta floresta? Não sabes que a floresta pode ser perigosa?

— Vou a casa da minha avó e já estou muito atrasada — respondeu a Capuchinho, sem dar conta de que o perigo estava mesmo ali ao pé dela.

Quando o lobo ouviu falar em avó, pensou que estava cheio de sorte. Afinal, não ia comer apenas uma, mas duas criaturas humanas!

— Ah! Muito bem, minha querida menina. E onde mora a tua avó?

— Mora do outro lado da floresta, a seguir à ponte[4], do lado direito, ao lado de um grande carvalho[5].

Quando ouviu isto, o lobo despediu-se da Capuchinho. De seguida, foi a correr por outro caminho mais curto e chegou à casa da avó antes da Capuchinho.

O lobo respirou fundo e bateu à porta.

Truz, truz.

A avó perguntou:

— Quem é?

— É a tua netinha que te traz um bolinho e manteiga para o teu lanche – disse o lobo, numa voz fininha, a fingir que era a Capuchinho.

— Entra, querida! — disse a avó.

Assim que entrou, o lobo foi direito ao quarto e engoliu[6] a avó de uma só vez. A seguir, meteu-se na cama da avó e ficou à espera.

Alguns minutos depois, a Capuchinho bateu à porta.

Truz, truz.

— Quem é? — perguntou o lobo, numa voz fininha, fingindo ser a avó.

— Sou eu, a tua neta — respondeu a Capuchinho.

— Ah, que querida! Entra, entra, meu amor — disse o lobo.

Quando a Capuchinho entrou no quarto, achou que a avó estava muito esquisita:

— Avó, que grandes braços tu tens... — disse a Capuchinho.

— São para te abraçar melhor — respondeu o lobo.

[4] Ponte

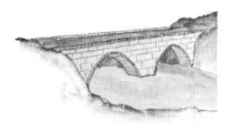

[5] Carvalho: nome de uma espécie de árvore.

[6] Engolir: engolimos a comida quando ela passa da boca para a garganta e depois para o estômago.

— Avó, que orelhas tão grandes tu tens… — disse a Capuchinho.

— São para te ouvir melhor — respondeu o lobo.

— E que olhos tão grandes tu tens… — voltou a dizer a Capuchinho.

— São para te ver melhor — respondeu o lobo.

— Mas, avozinha… A tua boca… Que boca tão grande tu tens…

— É para te comer melhor!!

E quando disse isto, o lobo saltou da cama em direção à Capuchinho, para a agarrar. Nesse instante, a Capuchinho deu um salto para trás, fechou de repente a porta do quarto e fugiu para fora da casa.

Ali perto, na floresta, andava um caçador. Quando viu a Capuchinho a fugir achou estranho. Mas quando viu o lobo a correr atrás dela percebeu tudo. Pegou na espingarda[7] e *pum!* Deu um tiro e matou o lobo logo ali. Depois, pegou-lhe pela cauda[8], abanou-o[9] e fez sair a avozinha de dentro da sua barriga peluda[10].

As duas, avó e neta, abraçaram-se a chorar. Depois, mais calmas, foram para dentro de casa. Fizeram chá e chamaram o caçador para o lanche do bolo com manteiga.

Sentaram-se os três à mesa, mas só o caçador comia:

— O bolo está uma delícia! *Nham, nham…* E vocês, não comem nada?

A Capuchinho e a avó não tinham fome. O grande susto que apanharam tirou-lhes o apetite[11].

[7] Espingarda

[8] Cauda

[9] Abanar: fazer movimentos rápidos para trás e para a frente.

[10] Peluda: os animais têm pelos; as pessoas têm cabelo na cabeça e pelos em algumas partes do corpo. Ser peludo é ter muitos pelos.

[11] Apetite: vontade de comer.

Exercícios

24) 1. Ouve o texto.

Completa as respostas. Usa apenas uma palavra.

a) A Capuchinho tinha uma grande família?
Não. Ela só tinha a _____ e a _____.

b) A Capuchinho comprou a capa com o capuz vermelho?
Não. Foi uma _____ da mãe.

c) A Capuchinho gostava da cor vermelha?
Seguramente que sim. Se não, não andava sempre com a capa _____.

2. Um dia, a mãe da Capuchinho pediu-lhe para ela ir ver a avó, porque

a) a avó vivia sozinha. ☐
b) a avó era velha. ☐
c) a avó gostava de bolos. ☐

3. Antes de a menina sair de casa, a mãe deu-lhe um conselho. O texto abaixo tem duas informações falsas. Risca as frases que têm informações falsas.

«— Capuchinho, a floresta é perigosa. Não vás por lá. Olha sempre para a frente. Não fales com ninguém. Vais encontrar o lobo mau. Tem cuidado.»

4. A menina obedeceu à mãe? Assinala a resposta certa.

a) Sim, porque pegou na cesta e foi até à casa da avó. ☐
b) Não, porque falou com pessoas estranhas e entrou na floresta. ☐

5. Quando estava a ir para casa da avó, a Capuchinho Vermelho falou com estranhos. Lê as frases e completa com as palavras abaixo. Atenção: há uma palavra a mais. Não vais precisar dela.

(lobo) (lenhador) (pastor) (viajante)

a) — Estás a faltar à escola? — perguntou o _____.
b) — Onde é o rio? — perguntou o _____.
c) — Que horas são? — perguntou o _____.

6. Lê e ordena as frases.

1.º • • (a) O lobo deitou-se na cama da avó.
2.º • • (b) O lobo bateu à porta da casa da avó.
3.º • • (c) O lobo entrou em casa e engoliu a avó.
4.º • • (d) A Capuchinho Vermelho chegou a casa da avó.

7. A menina achou que a avó estava esquisita. Preenche com as palavras corretas.

a) — Que _____ tão grandes tu tens!
   — São para te ouvir melhor!
b) — Que _____ tão grandes tu tens!
   — São para te ver melhor!
c) — Que _____ tão grandes tu tens!
   — São para te abraçar melhor!

8. Preenche os espaços com as palavras abaixo. Atenção: há duas palavras a mais. Não vais precisar delas.

(tirou) (matou) (susto) (lanche)

(caçador) (tremeu) (fome)

O caçador _____(1) o lobo. Depois, _____(2) a avó de dentro da barriga do lobo. A seguir, a avó preparou o _____(3), mas só o _____ (4) comeu. A avó e a Capuchinho não tinham _____ (5).

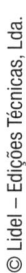

25) 13. O patinho feio

Era uma vez uma pata[1] que estava a chocar[2] os seus ovos. Ela gostava de chocar ovos, mas já estava um pouco cansada de esperar.

Até que, por fim, ouviu um *crack!* E depois outro *crack!* E depois mais outro e mais outro. De cada ovo, saiu um patinho.

— *Quá, quá!* — disse a pata mãe.

E todos os patinhos a imitaram[3]:

— *Quá, quá!*

Estes patinhos eram muito curiosos e por isso perguntaram, logo a seguir:

— Mãe, mãe, de que tamanho[4] é o mundo?

E a pata respondeu:

[1] Pata: fêmea do pato.

[2] Chocar *(ovos)*: a galinha, por exemplo, choca os ovos quando se põe em cima deles durante vários dias.

[3] Imitar: fazer a mesma coisa que outra pessoa faz para depois nascerem pintainhos.

[4] Tamanho: se uma coisa é grande, o seu tamanho é grande; se uma coisa é pequena, o seu tamanho é pequeno.

[5] Casca de ovo

[6] Ninho

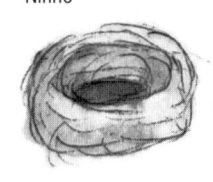

[7] Peru

— O mundo é do tamanho desta quinta!

— Ah! Tão grande! — disseram todos os patinhos.

— Bem, já estão todos fora das cascas[5]? — perguntou a mãe pata. Mas, naquele instante, viu ainda um ovo no ninho[6]. Um ovo bastante grande.

— Bem, bem, vou continuar aqui sentada a chocar este ovo — disse a pata.

E sentou-se outra vez no ninho.

Entretanto, passou por ali outra pata e perguntou-lhe:

— Ainda estás aí?

— Pois é. Ainda me falta chocar o último ovo — disse a pata mãe.

— Cuidado — disse a amiga —, uma vez, o dono da quinta pôs-me a chocar um ovo de peru[7] e depois, claro, nasceu um peru. Eu bem o queria ensinar a nadar, como ensinei os meus filhos, mas ele tinha medo da água e nunca se aproximou do lago. Enfim, uma tristeza. Se calhar, esse teu ovo também é de peru. Vai com os teus filhos para o lago e deixa esse ovo aí. Tens de ensinar os teus filhos a nadar o mais cedo possível.

— Sabes — respondeu a mãe pata —, já esperei tanto tempo, vou esperar mais um pouco, a ver o que acontece.

— Tu é que sabes... — disse a amiga. E foi-se embora. Finalmente, o ovo grande partiu-se e saiu de lá de dentro uma criatura grande, cinzento-escura e... muito feia. O seu bico era maior do que o bico dos outros patinhos; o seu pescoço era mais comprido do que o pescoço dos outros patinhos, as suas penas eram… esquisitas, muito diferentes das penas dos outros patinhos. «Que patinho tão feio! Se calhar, é mesmo um peru…», pensou a pata mãe. «Bem, logo vejo, quando chegarmos ao lago.»

A pata mãe levou todos os patinhos até ao lago. O patinho feio também foi com ela. Quando chegou à beira do lago, o patinho feio não teve medo e saltou para a água, todo contente.

Passado um pouco, vieram outros patos do lago para ver os filhos novos da pata. Quando viram o pato feio, riram-se e disseram:

— Ui, que pato tão feio!

— Ui, que pato tão esquisito!

— Ui, que pato horroroso!

Ninguém gostava do patinho feio. Os seus irmãos também não gostavam dele. Aquele pato envergonhava-os.

— Os outros patos vão dizer que a nossa família é esquisita… — dizia um patinho.

— É tão grande! Vai comer-nos a comida toda! — dizia outro.

E, todos os dias, o patinho feio ouvia a mesma coisa:

— Ah, que feia criatura! Ai, que horror! Este pato vai trazer-nos azar[8]!

Então, um dia, o patinho feio decidiu fugir da quinta. Andou por montes e vales até chegar a um grande lago. Por cima do lago, voava um bando de patos[9] voadores[10]. Quando viram o patinho feio, perguntaram-lhe:

[8] Azar: o contrário de sorte; má sorte.

[9] Bando de patos: muitos patos juntos.

[10] Voador: que consegue voar.

— Que tipo de pato és tu?

O patinho feio não respondeu, porque não sabia responder.

— Que feio és! Não te podes casar com nenhuma pata da nossa família, não, não!

De repente, ouviu-se *Pum! Pum!* E dois patos voadores caíram mortos no lago. A água ficou vermelha de sangue.

Pum! Pum! Pum! O som continuava e vinha de todos os lados. Eram os caçadores de patos. Estavam escondidos nas ervas[11]. Alguns estavam em cima das árvores. Os caçadores traziam também cães de caça.

O patinho feio, cheio de medo, pôs a cabeça debaixo da asa[12] e os cães passaram por ele sem o ver. Que sorte!

O patinho, ainda a tremer de medo, pensou: «Que sorte eu tenho em ser feio. Como sou feio, os cães não me viram!»

O patinho feio ficou muito quieto durante horas. Ao fim do dia, os caçadores foram-se embora. O patinho fugiu do lago e caminhou pelo mato[13].

Mas, entretanto, caiu uma grande tempestade. O patinho feio ficou todo molhado e não via por onde ia. Caminhou, caminhou, até que viu uma pequena casa. Era uma casa muito velha, quase a cair. O patinho feio chegou-se à porta e sentou-se ali, para não apanhar tanta chuva. Depois, viu que a porta não estava bem fechada. Meteu a cabeça para dentro, fez força e conseguiu entrar.

[11] Erva

[12] Asa de pássaro

[13] Mato: campo com ervas e pequenas plantas.

Na casa morava uma velha, um gato e uma galinha. Ao outro dia de manhã, a velha viu o patinho feio.

— Ai que criatura tão feia aqui está! Como é que isto aqui apareceu? — perguntou a velha. — Bem, bem, se calhar é uma pata. És uma pata? Se és pata, pões ovos.

A velha deixou o patinho feio ficar em sua casa, pois pensava que podia comer ovos de pata. Mas passaram--se três semanas e nada de ovos. Além disso, o patinho feio sentia falta de água.

— Ai, gostava tanto de poder nadar no lago! — disse, um dia, o patinho feio.

— Que ideia tão estúpida! — disse o gato.

— Disparate! — disse a galinha. — Vês aqui alguém com vontade de nadar no lago? Pergunta à velha, que é a pessoa que sabe mais nesta casa. Ela diz-te logo que isso é uma estupidez.

— Vocês não me compreendem... — disse o patinho feio, muito triste.

— O teu problema é que não pões ovos e, em vez disso, só pensas em disparates! — disse a galinha.

O patinho feio sentia-se cada vez mais triste e só[14]. Um dia, decidiu que ali também não era o seu lugar e saiu de casa da velha.

[14] Só: sozinho

Caminhou, caminhou e encontrou um pequeno lago. O patinho feio entrou na água e sentiu-se menos triste.

Veio o outono. As folhas das árvores ficaram amarelas, vermelhas, castanhas e depois caíram ao chão. Veio o inverno. O vento frio soprava, a neve caía sem parar.

O patinho feio tinha frio, mas o que mais lhe custava era estar ali sozinho, sem ninguém com quem falar.

Passou janeiro, passou fevereiro. Em março, o sol começou a brilhar. Os passarinhos cantavam e o campo ficou pintado de flores. Era primavera!

Um dia, o patinho feio olhou para o céu e viu um bando de pássaros muito grandes. Voavam com muita elegância[15]. Eram pássaros muito brancos, tinham asas muito grandes e o pescoço comprido. O patinho feio sentiu muita vontade de voar com eles.

Olhou para baixo e viu a sua imagem na água. Ele também tinha as asas grandes... Ele também tinha o pescoço comprido... Ele também era branco...

O patinho feio não era nada um pato. Era um cisne[16]! E os pássaros que voavam no céu também eram cisnes. Quando viram cá em baixo outro cisne, desceram para o lago e foram para junto dele.

À beira do lago, três meninos corriam e brincavam. Quando viram o cisne mais novo disseram:

— Está ali um cisne novo. Que lindo ele é! É o cisne mais lindo de todos!

E o patinho feio... aliás, o pequeno cisne, meteu a cabeça debaixo da asa, envergonhado, mas feliz.

[15] Elegância: qualidade daquele que é elegante.

[16] Cisne

Exercícios

1. Ouve o áudio.

Responde verdadeiro (V) ou falso (F).

a) No ninho havia ovos grandes e pequenos. ☐

b) Um ovo nunca se abriu. ☐

c) *Crack* é um som. ☐

d) Nem todos os patinhos eram patinhos, na verdade. ☐

2. Depois de nascerem, os patinhos falaram com a pata.

Os patinhos queriam saber tudo o que se passava à sua volta, pois eram muito _____ (1). Por isso, perguntaram à mãe de que _____ (2) era do mundo. A pata mãe respondeu-lhes que o mundo era tão grande como a _____ (3) em que viviam.

3. O que é que aconteceu a seguir?

Liga as perguntas às respostas.

a) O que é que a pata viu? •   • (1) Continuou a chocá-lo.

b) O que é que a pata fez? •   • (2) Um peru.

c) O que é que a amiga da pata chocou? •   • (3) Um ovo grande no ninho.

4. O ovo grande partiu-se. Como era o animal que saiu do ovo?
_____

5. Como é que a pata mãe ficou a saber que o filho mais novo não era um peru?
_____

6. O que disseram os outros patos da quinta quando viram o filho mais novo da pata?
_____

7. Um dia, o patinho fugiu da quinta. Porque é que ele não queria viver na quinta? Assinala a resposta certa.

a) Porque ele gostava de passear na rua com os amigos. ☐
b) Porque queria encontrar outros patos como ele. ☐
c) Porque os animais da quinta não gostavam dele. ☐

8. O patinho feio chegou a um lago. Preenche a tabela com as palavras abaixo.

cães   patos   caçadores

Ⓐ Viram o patinho feio.	Ⓑ Não viram o patinho feio.

9. O patinho andou muito e depois encontrou uma casa. Liga para formares frases corretas. Atenção: há duas opções a mais. Não vais precisar delas.

a) Dentro da casa •
b) O patinho feio •
c) A velha •
d) O patinho nunca •

• (1) entrou na casa.
• (2) pôs ovos.
• (3) tinha saudades de casa.
• (4) queria saber se o patinho era uma pata.
• (5) viviam uma velha e dois animais.
• (6) estava quase a cair.

10. Quem é que falou? Lê e descobre quem disse as falas. Escreve uma letra em cada quadrado.

a) *És uma pata? Se és uma pata, pões ovos.*

b) *Que ideia tão estúpida!*

c) *Ai, gostava tanto de nadar no lago!*

d) *O teu problema é que não pões ovos.*

11. **Um dia, o patinho saiu da casa da velha e depois de muito andar, encontrou um lago. Ordena as frases.**

    1.º •   • (a) Na primavera, o patinho viu um bando de cisnes a voar.
    2.º •   • (b) Eles juntaram-se ao patinho feio.
    3.º •   • (c) No outono e no inverno, o patinho esteve sozinho.
    4.º •   • (d) O patinho olhou para a água e viu que era um cisne branco.
    5.º •   • (e) O patinho feio entrou no lago.

12. **No fim da história, o pequeno cisne ficou muito feliz. Porquê?**
    _____

14. O príncipe sapo

Era uma vez uma princesa de um reino muito distante que vivia com o seu pai num palácio muito bonito.

Num dia de primavera, a princesa vestiu a sua capa, pôs o seu chapéu e foi passear para a floresta. No bolso da capa levava a sua bola de ouro. A princesa gostava muito desta bola. Achava que a bola de ouro lhe dava sorte. E também gostava de brincar com ela. Atirava-a ao ar[1] e apanhava-a e a bola nunca lhe fugia da mão.

Depois de caminhar bastante, a princesa chegou a um lago. Sentou-se à beira do lago para descansar um pouco. Ali esteve. Depois, pegou na bola de ouro e atirou com ela ao ar. Mas, por azar, daquela vez, a bola fugiu-lhe da mão e caiu no lago. A princesa quis ver,

[1] Atirar (a bola ao ar)

através da água, onde estava a bola, mas o lago era tão fundo, tão fundo que ela não conseguiu ver nada.

A princesa começou a chorar e disse:

— Ah, a minha querida bola! Dava as minhas joias e os meus vestidos para poder ter novamente a minha bola! Na verdade, dava tudo para poder ter de volta a minha bola de ouro!

Depois de dizer isto, um pequeno sapo pôs a cabeça fora de água e perguntou-lhe:

— Menina, porque choras? O que posso fazer por ti?

«O que é que um sapo tão repugnante[2] pode fazer por mim?!», pensou a princesa, mas como lhe apetecia falar da sua aflição[3], contou-lhe:

— A minha bola de ouro, a coisa de que mais gosto no mundo, caiu aí no lago e nunca mais a vi.

— Não quero as tuas joias nem os teus vestidos — disse o sapo —, mas deixa-me ir viver contigo. Deixa-me comer do teu prato, dormir na tua cama e à noite, antes de dormir, dás-me um beijo. Eu, em troca, trago-te a tua bola — respondeu o sapo.

«Que disparates este sapo tolo está a dizer!», pensou a princesa. «Ele nunca vai conseguir sair deste lago e caminhar pela floresta até ao meu palácio. Por isso, vou dizer-lhe que sim.»

— Está bem! Faço tudo isso que dizes. Agora vai buscar a minha bola, depressa! — disse a princesa.

Nesse momento, o sapo desapareceu na água. Passado um pouco, apareceu outra vez, já com a bola na boca,

[2] Repugnante: uma coisa repugnante é uma coisa que ninguém quer ver ou tocar, pois é muito desagradável.

[3] Aflição: estado em que alguém está aflito, desesperado.

que atirou para a beira do lago. A princesa pegou logo na bola e, muito feliz, correu para o palácio. E nunca mais se lembrou do sapo.

Ao outro dia, quando a princesa estava a começar a jantar, ouviu um ruído na porta da sala: *tap, tap*. Depois, ouviu uma voz suave, que dizia:

— Abre a porta, querida princesa.
Quero comer à tua mesa.
Dei-te aquela bola dourada.
Deixa-me entrar, princesa amada.

A princesa foi a correr até à porta e abriu-a para ver quem era. Quando viu que era o sapo, assustou-se, fechou a porta de repente e foi sentar-se à mesa.

— Quem era? — perguntou o rei, seu pai.

— Era um sapo que eu conheci ontem. Foi ele que tirou a minha bola de ouro do lago e eu prometi-lhe que o deixava viver aqui. Mas nunca pensei que um sapo podia caminhar tanto através da floresta... — respondeu a princesa.

Entretanto, o sapo bateu novamente à porta e disse outra vez:

— Abre a porta, querida princesa.
Quero comer à tua mesa.
Dei-te aquela bola dourada.
Deixa-me entrar, princesa amada.

Então, o rei disse:

— Minha filha, se prometeste, então tens de cumprir.

A princesa viu que o pai tinha razão. Foi abrir a porta e deixou o sapo entrar. O sapo saltou pelo chão, saltou para uma cadeira e da cadeira saltou para a mesa.

— Deixa-me comer do teu prato — disse o sapo.

A princesa deu-lhe o seu prato e o sapo comeu. Depois de comer, disse:

— Estou cansado. Leva-me para a tua cama.

A princesa pegou no sapo, levou-o para o seu quarto e pô-lo na sua almofada.

— Bom — disse o sapo —, agora falta o beijinho de boa noite.

A princesa encheu-se de coragem[4], fechou muito os olhos e deu-lhe um beijo rápido.

Nesse momento, o sapo transformou-se em príncipe. Um príncipe alto, elegante, com olhos inteligentes, rosto perfeito. A princesa não estava a perceber o que estava a acontecer e ainda andava à procura do sapo pelo quarto.

— Querida princesa, não procures mais. Eu sou o sapo. Uma bruxa má transformou-me em sapo. E tu, quando me deste de comer, me trouxeste para a tua cama e me beijaste, fizeste desaparecer o feitiço — explicou o príncipe.

A princesa não dizia nada, pois estava muito espantada.

O príncipe riu-se:

[4] Coragem: aquele que não tem medo é corajoso, ou seja, tem coragem.

— Então? Não dizes nada? Quer dizer, achaste normal um sapo falar e agora que um homem fala contigo ficas assim tão espantada?

A princesa disse que sim com a cabeça.

— Mas acreditas que eu sou um príncipe?

A princesa disse que sim com a cabeça.

— E queres casar comigo e viver no meu palácio?

A princesa disse que sim com a cabeça.

— Que bom! — exclamou o príncipe. — Vamos viver muitos anos e ter muitos filhos e muitos netos e bisnetos.

A princesa continuava sem dizer nada.

— E os escritores do futuro vão contar a nossa história. Vai ser a história do príncipe e da princesa muda — disse o príncipe, a brincar.

— Eu não sou muda! — disse a princesa, muito depressa.

O príncipe riu-se e abraçou-a.

Exercícios

1. Era uma vez uma princesa. Completa as respostas com palavras abaixo. Atenção: há quatro palavras a mais.

   sapo   rei   palácio   castelo

   boneca   bola   lago

   a) Onde vivia a princesa?
      Vivia no _____.
   b) Quem era o pai da princesa?
      Era o _____.
   c) Qual era o brinquedo da princesa?
      Era a _____.

2. Num dia de primavera, a princesa foi brincar. Escreve uma cruz (X) à frente da opção certa.

   a) A princesa foi brincar
      para o jardim do palácio. ☐
      para a montanha. ☐
      para perto do lago. ☐

   b) A princesa atirou a bola e ela
      caiu em cima do sapo. ☐
      rolou pelo chão. ☐
      desapareceu no lago. ☐

   c) Como a princesa não viu a bola dentro do lago,
      ficou entusiasmada. ☐
      ficou muito triste. ☐
      ficou com medo. ☐

d) Para a princesa, aquela bola era

o mais importante. ☐

como ouro. ☐

muito pesada. ☐

28)) 3. Ouve e completa as frases.

a) Quem falou foi _____.

b) Quem falou foi _____.

b) Quem falou foi _____.

4. O sapo disse que dava a bola à princesa, mas a princesa tinha de fazer três coisas. Escreve **SIM** ou **NÃO** à frente de cada frase.

a) Casar-se com o sapo. _____

b) Mentir ao pai. _____

c) Atirar com a bola ao ar. _____

d) Vestir-se com vestidos elegantes e joias. _____

e) Levar o sapo para o quarto _____

f) Beijar o sapo _____

g) Sonhar com o sapo. _____

h) Partilhar a comida com o sapo. _____

i) Não voltar àquele lago. _____

5. No dia seguinte, o sapo bateu à porta do palácio. Em que altura do dia isso aconteceu? Sublinha a opção certa.

manhã   tarde   noite

6. Preenche os espaços com a opção certa.

Quando viu o sapo, a princesa não gostou dele. Ela achou-o _____ (1) **(fascinante/importante/repugnante)**. A princesa pensou que o sapo não conseguia chegar ao palácio. Por isso, disse que sim a _____ (2) **(tudo/nada/uma coisa)** que o sapo lhe pediu. A princesa nunca pensou que, mais tarde, tinha de cumprir com a sua _____ (3) **(brincadeira/promessa/mentira)**.

7. **Preenche os espaços com as palavras:**

(sapo) (rei) (princesa)

a) _____:
— Quem era?

b) _____:
— Era um sapo que eu conheci ontem.

c) _____:
— Abre a porta, querida princesa.

8. **O sapo entrou no palácio. Ordena as frases.**

1.º •   • (a) O sapo transformou-se em príncipe.
2.º •   • (b) A princesa deitou o sapo na sua almofada.
3.º •   • (c) O sapo subiu para a mesa.
4.º •   • (d) A princesa beijou o sapo.
5.º •   • (e) A princesa deu o seu prato com comida ao sapo.

15. Hansel e Gretel

Perto de uma grande floresta, vivia um lenhador com os seus dois filhos, um menino e uma menina. O menino chamava-se Hansel e a menina chamava-se Gretel. O lenhador era viúvo, mas passado tempo voltou a casar-se. A família era muito pobre e tinha sempre pouca comida: um pouco de pão, batatas, alguns ovos e nada mais.

Mas houve um ano em que havia mesmo muito pouca comida. O lenhador andava muito preocupado. À noite, não conseguia dormir e dizia para a mulher:

— Ai! Ai! O que vai ser de nós? Como é que vou dar de comer aos meus filhos. Eu não consigo trabalhar com tanta fome que tenho...

— Homem, eu digo-te — respondeu a mulher. — Amanhã de manhã cedo, levamos as crianças para a floresta, fazemos ali uma fogueira e damos-lhes um bocado grande de pão. Depois, vimo-nos embora e deixamo-los lá. Eles não vão conseguir encontrar o caminho para casa.

— Nem pensar! — respondeu o lenhador. — Como é que eu posso fazer isso? Deixar assim os meus queridos filhos na floresta, sozinhos?! Vêm os lobos e comem-nos!

— Homem tolo! — disse a mulher. – Assim, vamos os quatro morrer de fome! Podes preparar os caixões[1]! Vai ser horrível. — E a mulher continuou assim a falar. E falou, falou, falou, até que o homem disse:

— Está bem! Está bem! Levamo-los para o meio da floresta. Depois vemos o que acontece...

No outro quarto, as crianças, com a fome, não conseguiam dormir e ouviram a conversa toda entre o pai e a madrasta. Gretel ficou muito assustada e começou a chorar, mas o irmão disse-lhe:

— Calma, calma, Gretel. Não te assustes. Eu tenho um plano.

Então, Hansel levantou-se da cama, vestiu o casaco e saiu de casa. Lá fora, a lua enchia de luz o céu e a terra. Parecia de dia. As pedras brilhavam à luz do luar. As pedras mais pequeninas pareciam moedas de prata. Hansel baixou-se e começou a apanhar as pedras mais pequenas e mais brancas. Encheu os bolsos com elas. Os bolsos ficaram cheios de pedras. Depois, entrou em casa e deitou-se.

[1] Caixões

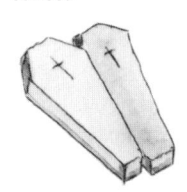

De manhã muito cedo, antes do nascer do sol, a madrasta entrou no quarto das crianças, a gritar:

— Levantem-se já! Preguiçosos! Hoje vamos para a floresta.

Depois, deu um pedaço de pão a cada um e disse:

— Este pão é para o vosso almoço. Não o comam antes, porque depois não há mais nada.

Hansel deu o seu pedaço de pão à irmã, pois tinha os bolsos cheios de pedras.

E lá partiram para a floresta. Pelo caminho, Hansel olhava muitas vezes para trás. O pai viu-o a olhar para trás e perguntou:

— Porque vais a olhar para trás?

— Quero ver o meu gato, no cimo do telhado da nossa casa, a dizer-me adeus — disse Hansel. Mas, na verdade, ele olhava para trás para deixar cair, uma a uma, as pedrinhas brancas que levava nos bolsos.

— Que tolo! — disse a madrasta. — Daqui não se vê gato nenhum!

Quando chegaram ao centro da floresta, o pai disse:

— Agora, meninos, vão buscar paus para fazermos uma fogueira.

As crianças assim fizeram. Com os paus, acenderam uma grande fogueira, que dava bastante calor.

— Vocês agora estão quentinhos. Fiquem aí. Nós vamos apanhar mais lenha e já voltamos.

Os dois irmãos ali ficaram. Tristes e sozinhos. Quando chegou o meio-dia, comeram o pão. Depois adormeceram. Quando acordaram, já era de noite. O luar fazia brilhar as folhas e os troncos das árvores. E fazia brilhar também as pedrinhas brancas ao longo de todo o caminho de volta para casa.

Os dois irmãos seguiram pelo caminho que tinha as pedrinhas. Caminharam toda a noite. De manhã cedo, chegaram a casa e bateram à porta. A madrasta veio abrir. Primeiro ficou muito espantada. Depois, fingiu que estava muito preocupada:

— Meus queridos! Pensávamos que nunca mais voltavam para casa. Estávamos muito aflitos...

O pai, quando os viu, ficou verdadeiramente feliz, pois cortava-lhe o coração[2] deixar os filhos sozinhos na floresta.

[2] Cortar o coração: quando alguma coisa nos deixa muito tristes, essa coisa "corta-nos o coração".

O tempo passou. Na casa do lenhador as coisas não melhoraram. A comida era sempre muito pouca. E a mulher do lenhador voltou a dizer-lhe, num dia à noite:

— Já comemos o pão quase todo. Só está ali meio pão. Comemo-lo e depois não há mais nada. Temos de deixar as crianças outra vez na floresta. Desta vez, levamo--las para mais longe, mais para dentro da floresta. Eles assim nunca vão conseguir sair de lá.

O lenhador não queria nada deixar os filhos na floresta outra vez, mas a mulher falou, gritou, ralhou e o homem disse-lhe que sim.

As crianças ouviram tudo. Hansel ia a sair outra vez para apanhar pedrinhas brancas, mas a porta da rua não se abria. Estava fechada à chave.

De manhã, a madrasta deu um pedaço de pão a cada um, como da primeira vez. E lá partiram todos para a floresta. Hansel caminhava, mas, de vez em quando, olhava para trás. O pai perguntou-lhe:

— Porque vais a olhar para trás? É o teu gato a dizer-te adeus?

Hansel disse que sim, mas, na verdade, ele olhava para trás para deixar cair migalhas[3] de pão ao longo de todo o caminho.

Quando chegaram ao sítio mais profundo e escuro da floresta, as crianças fizeram uma fogueira e os pais foram-se embora. Ao meio-dia, Gretel dividiu[4] o seu pão com o seu irmão. Hansel já não tinha pão. O pão dele desfez-se em migalhas ao longo do caminho.

Depois, os dois irmãos adormeceram. Quando acordaram, era de noite. Estava outra vez luar. Mas, infelizmente, não havia migalhas nenhumas. Gretel ficou muito assustada:

— Onde estão as migalhas que deixaste pelo caminho, Hansel? — perguntou.

— Os pássaros da floresta comeram-nas... — respondeu Hansel.

Quando ouviu isto, Gretel começou a chorar. Hansel não queria ver a irmã a chorar e disse-lhe:

— Não chores, mana[5], não chores. Nós vamos encontrar o caminho para casa...

Mas nem o próprio Hansel acreditava muito nisso.

---

[3] Migalha: pequenino pedaço de pão. Quando comemos pão, ficam migalhas na mesa ou no chão.

[4] Dividir (neste contexto): partir em dois pedaços.

[5] Mana: irmã.

Os dois irmãos caminharam toda a noite pela floresta, mas não encontravam o caminho para casa. Ao outro dia, por volta do meio-dia, os dois irmãos já estavam muito cansados e cheios de fome. Já não conseguiam caminhar mais. Estavam muito fracos.
Sentaram-se. Passado um pouco, ouviram um pássaro a cantar uma música muito bonita. Olharam para o céu e viram um pássaro branco muito lindo a voar por cima deles. Os dois irmãos levantaram-se e foram atrás do pássaro.
O pássaro voava, voava e as crianças seguiam-no. Até que o pássaro pousou[6] em cima de uma casa. A casa era muito esquisita. Só quando os dois irmãos chegaram mais perto dela é que viram que as paredes eram de pão, o telhado era de chocolate e as janelas eram de açúcar. Hansel subiu ao telhado e começou a comer uma telha[7] de chocolate. Gretel ficou a comer uma janela. De repente, ouviram uma voz que vinha de dentro da casa:

— Que barulho é este?

— É o vento, é o vento! — responderam as crianças. E continuaram a comer.

De repente, saiu de dentro de casa uma velha muito velha e muito feia. Os dois irmãos apanharam um susto de morte e deixaram cair no chão o que estavam a comer.

— Ah! Queridos meninos! — disse a velha. — Não é preciso ter medo. Eu não vos faço mal nenhum.

[6] Pousar: quando um pássaro deixa de voar e põe as patas no chão ou num telhado, diz-se que pousa no chão ou pousa no telhado.

[7] Telha

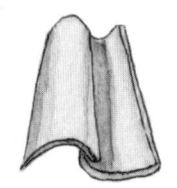

[8] Carinha: cara pequena, de criança,

[9] Jaula

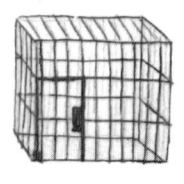

[10] Engordar (um animal ou uma pessoa): dar-lhe de comer para ele ficar gordo.

A velha levou-os para dentro de casa. Na sala, estava já pronta uma mesa com bolos, leite e fruta. Os dois irmãos comeram tudo. No quarto, as camas já estavam prontas para eles dormirem. Depois de terem a barriga cheia, Hansel e Gretel foram deitar-se, muito felizes.

A velha viu-os a dormir, muito lindos, com as suas carinhas[8] rosadas, e pensou: «Que grande banquete!»

A velha era, na verdade, uma bruxa má. As bruxas más, em geral, são feias, têm os olhos vermelhos e veem mal. Além disso, gostam de comer crianças. Esta bruxa era como todas as outras bruxas.

De manhã, a bruxa entrou de repente no quarto e agarrou em Hansel pelo braço e meteu-o dentro de uma jaula[9], no quintal. Fechou a jaula à chave e voltou para casa. Depois, entrou outra vez no quarto, abanou Gretel e disse-lhe:

— Acorda, criatura! Vai buscar água e faz uma comida boa para o teu irmão. Ele está lá fora, na jaula. Quero engordá-lo[10] para depois o comer! Ah! Ah! Ah!

Quando Gretel ouviu isto, começou a chorar, mas fez o que a bruxa mandou. Foi buscar água e cozinhou para o irmão.

Todos os dias, Hansel comia um bom almoço. Uns dias comia ovos, outros dias, feijões e, uma vez, até comeu uma galinha. A bruxa, todas as manhãs, ia à jaula. Como via muito mal, não conseguia saber se Hansel já estava gordo ou não. Por isso, dizia-lhe:

— Miúdo, dá cá um dedo!

Hansel, em vez de pôr o dedo de fora da jaula, dava-lhe um osso[11] de galinha para a velha apalpar[12].

— Hum! Ainda estás muito magro! — dizia a velha.

Durante um mês, Hansel fez sempre assim: quando a velha lhe pedia um dedo, ele dava-lhe um osso. No fim desse mês, a velha zangou-se muito e disse:

— Não me interessa! Vou comer-te mesmo assim. Assado no forno. E é já amanhã!

Ao outro dia de manhã, Gretel, a chorar, foi buscar lenha e acendeu o forno. Era um grande forno de ferro[13]. Veio a bruxa e disse-lhe:

— Miúda, entra para o forno para ver se já está bem quente.

Na verdade, a bruxa não queria saber se o forno já estava pronto. O que ela queria era meter Gretel dentro do forno e comê-la também, assada. Mas a menina percebeu qual era a ideia da bruxa e respondeu:

— Como é que eu entro? Pode mostrar-me como se faz?

— Ah, miúda estúpida! A porta é grande. Até eu consigo entrar.

E a bruxa pôs a cabeça dentro do forno. Nesse momento, Gretel empurrou-a para dentro do forno e fechou a porta. Depois, correu para a jaula do irmão e abriu-lhe a porta.

— Estamos livres! — gritou Gretel.

Os dois irmãos abraçaram-se e beijaram-se, a chorar de alegria.

— Vamos embora desta floresta embruxada! — disse Gretel.

[11] Osso: parte dura do interior do corpo. O conjunto de ossos forma o esqueleto.

[12] Apalpar: tocar várias vezes com os dedos ou a mão para examinar uma coisa.

[13] Ferro: tipo de metal.

— Sim, vamos encontrar o caminho para casa — disse Hansel.

Antes de partirem, entraram na casa da bruxa e abriram os armários para procurar mais comida para a viagem. Encontraram pão, queijo e chocolate. Mas encontraram também — coisa espantosa! — joias, muitas joias. Os dois irmãos encheram os bolsos com todas aquelas joias e puseram-se a caminho de casa.

Caminharam e caminharam durante muito tempo. Agora conseguiam caminhar durante bastante tempo, pois estavam mais fortes e não tinham fome.

Caminharam durante três dias. Até que, lá ao longe, começaram a ver a casa do pai. Correram para lá. O pai, quando os viu, caiu de joelhos no chão, a chorar de alegria! O pai sofria muito e tinha muitas saudades dos seus filhinhos, porque nunca quis verdadeiramente abandoná-los. Hansel e Gretel sabiam disso.

Os três abraçaram-se, felizes. Mas o abraço não durou muito tempo. O pai sentiu que as crianças tinham os bolsos cheios de alguma coisa.

— O que é que vocês têm aí, meus queridos?

Hansel e Gretel esvaziaram[14] os bolsos e o pai ficou de boca aberta, a ver as joias. Depois, quando percebeu que ia ficar rico, ficou tão feliz que não parava de rir.

E a partir de então[15]
Tiveram uma vida boa.
A madrasta, se tinha pão,
Nem era má pessoa.

---

[14] Esvaziar: tirar para fora tudo o que está dentro de uma coisa; tornar vazio.

[15] De então: dessa altura, desse tempo.

Exercícios

30 1. Ouve o texto.

Liga para formares frases certas. Atenção: há quatro opções a mais. Não vais precisar delas.

a) Hansel e Gretel •

b) O pai •

c) A madrasta •

• (1) era a mulher do pai.
• (2) eram irmãos.
• (3) tinham tudo o que queriam.
• (4) era rico.
• (5) eram filhos da madrasta.
• (6) era lenhador.
• (7) não tinham mãe.
• (8) era bruxa.

2. Certa vez, não havia comida quase nenhuma. Preenche os espaços com as palavras.

(madrasta)   (pai)

a) _____ : — Amanhã de manhã cedo, levamos as crianças para a floresta.

b) _____ : — Como é que eu posso fazer isso?

c) _____ : — Vêm os lobos e comem-nos!

d) _____ : — Assim vamos os quatro morrer de fome!

3. No dia seguinte, foram todos para a floresta. Lê as frases. Escreve V (verdadeiro) ou F (falso) à frente de cada frase.

a) De manhã, o pai acordou os filhos. ☐
b) A madrasta deu uma fatia de bolo a cada criança. ☐
c) Hansel pôs pedrinhas no chão para marcar o caminho para casa. ☐
d) Hansel e Gretel fizeram uma fogueira depois de o pai se ir embora. ☐
e) Os dois irmãos dormiram durante toda a tarde. ☐
f) De manhã, Hansel e Gretel caminharam na floresta até à sua casa. ☐

g) A madrasta ficou zangada com os meninos quando eles chegaram a casa. ☐

h) O pai ficou muito feliz quando viu Hansel e Gretel. ☐

4. As crianças voltaram para casa, mas continuava a não haver comida para todos. Preenche os espaços. Em cada espaço escreve apenas uma palavra.

A madrasta disse novamente ao marido que deviam deixar outra vez as crianças na _____(1). Desta vez, Hansel não conseguiu ir à rua buscar pedras, porque a porta estava _____(2). Hansel, então, em vez de pedras, deixou cair _____ (3) de pão ao longo do caminho. Mas vieram os _____(4) e comeram-nas.

5. Ao outro dia, os dois irmãos continuavam perdidos na floresta. Liga as perguntas às respostas.

a) Como estavam os irmãos? •   • (1) No telhado.
b) Quem cantou uma música? •   • (2) Hansel.
c) Quem foi atrás do pássaro? •   • (3) Cansados e com fome.
d) Onde pousou o pássaro? •   • (4) Esquisita.
e) Como era a casa? •   • (5) Um pássaro.
f) Quem comeu uma telha de chocolate? • • (6) Hansel e Gretel.

6. De repente, ouviram a voz da dona da casa. Sublinha as palavras que caracterizam a dona da casa.

bonita   velha   feia   nova

má   boa   falsa   amiga

7. Depois, o que aconteceu? Lê as frases e risca as palavras erradas.

No primeiro dia, a velha tratou os meninos muito **mal/bem**. Ela deu-lhes **bolas/bolos**, fruta e leite. Como eles estavam muito **lindos/cansados**, a velha fez as **camas/comidas** para eles irem dormir.

8. Quando os meninos adormeceram, a velha olhou para eles e pensou: «Que grande banquete». O que é que a velha queria fazer?

_____

9. **No dia seguinte, a velha tornou-se má, pois, na verdade, era uma bruxa. Ordena as frases. Escreve os números de 1 a 6 à frente de cada frase.**

a) A bruxa mandou Gretel fazer comida para o irmão. ☐

b) Todas as manhãs, a bruxa ia ver se o dedo do menino já estava gordo. ☐

c) De manhã, a bruxa prendeu Hansel dentro de uma jaula. ☐

d) Depois de um mês, a bruxa decidiu comer Hansel. ☐

e) A bruxa mandou Gretel acender o forno. ☐

f) Hansel dava à bruxa um osso de galinha em vez do seu dedo. ☐

10. **Como é que Gretel se salvou a si e ao seu irmão? Escreve uma cruz (X) à frente da resposta certa.**

a) Engordou Hansel. ☐

b) Fechou a bruxa no forno. ☐

c) Roubou as joias. ☐

11. **Depois de se livrarem da bruxa, os dois irmãos decidiram regressar a casa. Escreve uma cruz (X) na opção certa para cada frase.**

a) Na casa, Hansel e Gretel encontraram joias e guardaram-nas

na jaula. ☐
nos bolsos. ☐
no saco de pano. ☐

b) A viagem até casa durou

um mês. ☐
72 horas. ☐
uma tarde. ☐

c) Quando o pai viu os filhos,

ficou espantado. ☐
chorou de felicidade. ☐
teve saudades. ☐

16. A história da Carochinha

[1] Varrer

[2] Vintém: moeda antiga

[3] Sortudo: pessoa com sorte.

[4] Vizinha: a pessoa que mora perto da nossa casa é nossa vizinha.

[5] Guloso: pessoa que gosta de comer comida com açúcar.

Era uma vez uma carocha, chamada Carochinha, que andava a varrer[1] a cozinha.

De repente, viu uma coisa a brilhar no chão. Baixou-se e apanhou-a. Era uma moeda de dez vinténs[2].

— Ah! Que sorte! Que sortuda[3] eu sou! — disse para si própria a Carochinha. E foi a correr a casa de uma vizinha[4] mostrar-lhe a moeda.

— O que acha, vizinha? O que devo fazer com a moeda? — perguntou a Carochinha à vizinha.

— Olha, compra chocolate e bolos — respondeu-lhe a vizinha, que era muito gulosa[5].

Mas a Carochinha não achou isso bem. Foi visitar outra vizinha. Mostrou a moeda e fez-lhe a mesma pergunta:

— Onde é que eu devo gastar este dinheiro, vizinha?

— Olha, compra vestidos e joias — respondeu a vizinha, que era muito vaidosa.

Mas a Carochinha também não achou isso bem.

A Carochinha foi ainda visitar outra vizinha e fez-lhe outra vez a mesma pergunta:

— Vizinha, o que é que acha que devo fazer com este dinheiro?

— Olha, casa-te — respondeu-lhe a terceira vizinha.

A Carochinha achou essa ideia muito boa. Afinal, era uma carocha jovem e boa dona de casa.

Ao outro dia, logo de manhã cedo, a Carochinha pôs-se à janela e dizia a quem passava:

— *Quem quer casar com a Carochinha,*

Que é bonita e perfeitinha?

Passou um boi[6] e disse:

[6] Boi

— Quero eu, quero eu!

— Diz-me então palavras bonitas, palavras de amor…

— *Mú!… mú!…* – respondeu o boi.

— Deus me livre! O que é que isso quer dizer?! *Mú, mú!* Nem penses! Não caso contigo.

E a Carochinha continuou a perguntar, à sua janela:

— *Quem quer casar com a Carochinha,*

Que é bonita e perfeitinha?

Passou um burro e disse:

— Quero eu, quero eu!

— Ai, sim? — disse a Carochinha. — Então, diz-me palavras bonitas. Pode ser um poema. Sim, diz-me um poema de amor.

Mas o burro só conseguiu responder:

— Ih-ó!... Ih-ó!...

— O quê? — perguntou a Carochinha. — Não percebo o que dizes! Não, não vou casar contigo.

O burro foi-se embora e a Carochinha continuou:

— *Quem quer casar com a Carochinha,*
Que é bonita e perfeitinha?

Passou um porco e disse:

— Quero eu! Quero eu!

— Então, diz-me palavras sentidas, palavras apaixonadas — respondeu a Carochinha.

— *Ronc!... Ronc!...*

— Não me posso casar contigo! Ressonas como um porco e, de noite, não me vais deixar dormir.

Mas a Carochinha não desistiu de arranjar noivo[7] e continuou:

— *Quem quer casar com a Carochinha,*
Que é bonita e perfeitinha?

Passou um cão e disse:

— Quero eu! Quero eu!

A Carochinha pediu-lhe:

— Diz-me palavras bonitas. Olha, uma declaração de amor.

— «Ão! Ão!» – respondeu o cão.

— Ai! Não posso casar contigo. Com esses «ão! ão!» acordas as crianças de noite. Não, não. Não caso contigo.

[7] Noivo: homem que se vai casar.

A Carochinha já estava a perder a esperança de arranjar noivo. E já estava a fechar a janela, muito triste, mas, de repente, apareceu um rato:

— Espera! Espera, minha princesa, minha rainha! Porque te escondes se és a luz da minha vida? Tal como a florzinha morre sem sol, assim eu morro sem o brilho dos teus olhos!

Assim falava o rato. E pôs-se de joelhos, com lágrimas nos olhos:

— Casa comigo, Carochinha!

A Carochinha disse logo que sim! Um rato a falar tão bem era, com certeza, um bom noivo!

E, na verdade, aquele não era um rato qualquer. Era o João Ratão, poeta, jornalista e escritor. Elegante, bem-falante e com muito boas relações na sociedade.

O João Ratão só tinha um defeito: gostava muito de comer. Era um grande comilão.

Marcaram o dia do casamento. Para a boda, uma vizinha deu os feijões, a outra vizinha deu uma couve e a terceira vizinha deu um chouriço[8]. Com os feijões, a couve e o chouriço, a Carochinha já podia fazer uma sopa muito boa. No dia do casamento, quando a Carochinha ia a entrar na igreja[9], disse, aflita:

- Ai que deixei a panela da sopa ao lume[10]! A sopa vai-se queimar!

O João Ratão disse logo:

— Calma, minha querida, calma. Eu vou a casa apagar o lume e já venho.

[8] Chouriço

[9] Igreja

[10] Deixar a panela ao lume: se deixamos uma panela ao lume quer dizer que o fogão está aceso e a comida continua a cozer na panela.

Quando entrou em casa, o João Ratão sentiu logo o cheirinho bom da sopa. E sorriu, de orelha a orelha, feliz. Aproximou-se da panela. A panela era muito grande. Podemos até dizer que era um caldeirão. Ora, o João Ratão, como era rato, era pequeno. Foi buscar uma escada. Subiu até ao cimo do caldeirão para cheirar melhor a sopa:

— Ah! Que sopa tão boa! — disse para si próprio o João Ratão. — Vou provar um bocadinho...

E baixou a cabeça para chegar com a boca à sopa.

Mas, nesse momento, a escada fugiu-lhe dos pés e o João Ratão caiu dentro do caldeirão.

Na igreja, a Carochinha, cansada de esperar pelo seu noivo, voltou para casa, para ver o que se passava. Quando lá chegou, viu a escada no chão. Depois, viu o rabo[11] do João Ratão de fora do caldeirão. Percebeu tudo e caiu no chão a chorar. Chegaram os convidados e, quando viram aquilo, choraram com ela.

E passaram-se os anos
E o tempo voou
Carochinha não mais fez planos
Carochinha não mais se casou.

[11] Rabo (de rato)

Exercícios

32 1. Ouve a pergunta.

Põe uma cruz (X) na opção certa.
a) Um noivo. ☐
b) Um chouriço. ☐
c) Dinheiro. ☐
d) Um brilhante. ☐

2. Depois, a Carochinha foi pedir conselhos às suas vizinhas. Sublinha a fala com o conselho que a Carochinha aceitou.

- Compra coisas boas para comer.
- Compra coisas bonitas para vestir.
- Arranja mas é um marido...

3. O que aconteceu a seguir? Preenche os espaços. Usa apenas uma palavra.

A Carochinha foi para a _____ (1).
Quando alguém passava, ela _____ (2):
Quem quer _____ (3) com a Carochinha,
Que é _____ (4) e perfeitinha?

4. Porque é que a Carochinha não quis casar nem com o boi, nem com o burro, nem com o porco, nem com o cão?

Escreve uma cruz (X) à frente da resposta certa.
a) Porque eles eram muito grandes. ☐
b) Porque só falavam línguas estrangeiras. ☐
c) Porque a Carochinha queria um príncipe. ☐
d) Porque nenhum lhe disse o que ela queria ouvir. ☐

5. O João Ratão tinha três profissões. Escreve o nome de cada profissão.

P □□□□

E □□□□□□

J □□□□□□□

6. O noivo da Carochinha tinha um defeito. Qual era o defeito?

_____

7. Marcaram o dia do casamento.

   O que é que as vizinhas ofereceram à Carochinha para ela fazer uma sopa no dia do casamento?
   Sublinha as palavras certas.

   (água)   (cenouras)   (feijões)   (azeite)

   (abóboras)   (couves)   (nabiças)   (cebolas)

   (chouriço)   (nabos)   (alhos)

8. Preenche cada espaço com uma palavra apenas.

   Chegou o dia do casamento. Antes de entrarem na _____ (1), a Carochinha lembrou-se de que a panela estava ao lume. O João Ratão foi a casa, para apagar o lume. Mas a sopa _____ (2) tão bem, que o João Ratão quis comer um bocadinho. Foi então buscar uma _____ (3) e subiu até ao cimo do caldeirão. Mas caiu lá dentro e ficou só com o _____ (4) de fora.

9. Lê as frases. Escreve V (verdadeiro) ou F (falso) à frente de cada frase.

   a) O João Ratão apagou o lume. □
   b) O João Ratão comeu a sopa toda. □
   c) O João Ratão não se casou com a Carochinha. □
   d) Toda a gente chorou. □

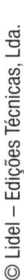

17. Dom[1] Caio

Era uma vez um alfaiate que estava à porta da sua casa para se refrescar. Era verão e havia muitas moscas[2]. De repente, pousaram-lhe, no pé, sete moscas, todas juntas. O alfaiate – *Zás!* – matou-as todas de uma só vez.

Ora, este alfaiate era muito medroso. Tinha medo de tudo, mas gostava de fingir que era muito valente[3]. E disse em voz alta, para toda a gente da rua ouvir:

— Eu mato sete de uma vez! Sete! Mato sete!

Nos dias seguintes, o alfaiate não sabia falar de outra coisa:

— Já sabe? Matei sete! Matei sete de uma vez! Não é toda a gente que consegue matar sete, não, não!

[1] Dom: palavra que se põe antes do nome de um homem para dizer que ele é uma pessoa importante.

[2] Moscas

[3] Valente: corajoso.

[4] Guerra: quando os países lutam uns contra os outros e usam os seus exércitos.

[5] General: chefe de um exército.

[6] Batalha: luta entre dois exércitos inimigos.

[7] Exército: grupo de soldados.

[8] Soldado

[9] Farda militar: roupa que os soldados vestem quando vão para a guerra.

[10] Manga

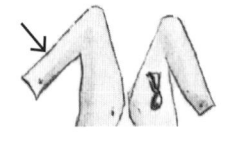

[11] Ridículo: que faz rir.

Naquele tempo, o reino estava em guerra[4] com outro reino inimigo e o rei andava muito preocupado. A princípio, a guerra corria-lhe bem, porque o rei tinha a ajuda do general[5] Dom Caio. Este general vencia todas as batalhas[6]. Dom Caio era um general forte e valente. O exército[7] inimigo tinha muito medo dele. Mas agora Dom Caio já não podia ajudar o rei, porque estava morto.

Então, quando o rei ouviu dizer que havia um homem que matava sete de uma vez, pensou, claro, que eram *sete soldados inimigos*, e não *sete moscas*. Por isso, mandou chamar o alfaiate ao palácio.

Quando o alfaiate chegou, o rei não queria acreditar nos seus olhos. O alfaiate era um homem pequenino e magrinho.

— És tu que matas sete de uma vez? — perguntou o rei.

— Sou, sim, majestade — respondeu o alfaiate, a sorrir.

— Então, vais lutar contra o exército inimigo. Vais à frente, no lugar de Dom Caio. Os nossos soldados[8] vão atrás de ti. Tu és agora o general.

O alfaiate deixou de sorrir.

O rei mandou vir a farda militar[9] de Dom Caio. O alfaiate tirou a sua roupa e vestiu a farda do general morto. Mas a farda ficava-lhe muito grande. As suas mãos ficavam-lhe dentro das mangas[10] e o chapéu dançava-lhe na cabeça. Estava ridículo[11].

A seguir, o rei mandou vir o cavalo de Dom Caio. Era um cavalo branco e grande. Quando o alfaiate viu o cavalo, ficou logo a tremer de medo. Os criados do rei ajudaram o alfaiate a subir para o cavalo. Subiu uma vez e caiu para o lado esquerdo. O cavalo assustou-se. Subiu outra vez e caiu para o lado direito. O cavalo assustou-se ainda. Quando o alfaiate subiu pela terceira vez, o cavalo, já muito assustado, começou a galopar pelos campos fora, para a zona[12] da batalha.

[12] Zona: sítio, lugar.

O alfaiate nunca teve tanto medo na vida dele e gritava:
— Eu caio! Eu caio!
Quanto mais o cavalo galopava[13], mais o alfaiate gritava:
— Eu caio! Eu caio!

[13] Galopar: o cavalo corre ou galopa.

Quando os soldados inimigos ouviram, ao longe, o alfaiate a gritar «Eu caio! Eu caio», pensaram que ele dizia «Dom Caio! Dom Caio!», e disseram uns para os outros:
— Estamos mal! Vem aí o Dom Caio!
Começaram todos a fugir e abandonaram[14] a batalha.

[14] Abandonar: ir-se embora e deixar uma coisa que se estava a fazer.

E foi assim que o alfaiate ganhou a guerra, só por gritar «Eu caio! Eu caio!». O rei ficou muito contente com ele e deu-lhe a sua filha em casamento.
Todos no reino elogiavam[15] o alfaiate pela sua coragem. Ele sabia que isso não era nada corajoso, pelo contrário, mas calava-se.

[15] Elogiar: dizer bem de uma pessoa.

Exercícios

34) 1. Ouve o texto. Preenche as frases só com uma palavra:

   a) A pessoa que tem muito medo de tudo é uma pessoa _____.

   b) A pessoa que não tem medo de nada é uma pessoa _____.

   c) A pessoa que tem por profissão fazer roupa é um _____.

   d) A pessoa que faz parte de um exército é um _____.

2. O reino estava em guerra. Liga cada pergunta à resposta certa.

   a) Quem era Dom Caio? •   • (1) Morreu.
   b) Como era Dom Caio? •   • (2) O exército inimigo.
   c) Quem tinha medo de Dom Caio? • • (3) Forte e corajoso.
   d) O que aconteceu a Dom Caio? • • (4) O general que vencia todas as batalhas.

3. Coloca uma cruz (X) nas duas opções corretas. O rei mandou chamar o alfaiate, porque

   a) Havia muitas moscas naquele verão. ☐
   b) Precisava de roupa nova. ☐
   c) Pensava que o alfaiate era valente. ☐
   d) Dom Caio também matou sete. ☐
   e) Sabia que o alfaiate tinha sempre sorte. ☐
   f) Achou que o alfaiate ia vencer a batalha. ☐
   g) Queria casar o alfaiate com a princesa. ☐

4. Quando o rei conheceu o alfaiate, ficou espantado. Como era o alfaiate? Escreve uma letra em cada quadrado.

   a) **Contrário de grande**

   ☐☐☐☐☐☐☐

   b) **Contrário de gordo**

   ☐☐☐☐☐

5. **Qual foi a ordem que o rei deu ao alfaiate? Escreve uma cruz (X) à frente da resposta correta.**

a) O rei mandou o alfaiate ir conversar com o inimigo. ☐

b) O rei mandou o alfaiate ir visitar o seu exército. ☐

c) O rei mandou o alfaiate substituir o general Dom Caio. ☐

6. **Depois de ouvir a ordem do rei, como é que o alfaiate ficou? Sublinha a opção certa.**

O alfaiate ficou espantado.   O alfaiate ficou divertido.

O alfaiate ficou cheio de medo.

7. **O alfaiate vestiu a farda militar e ficou ridículo. Preenche os espaços. Usa apenas uma palavra em cada espaço.**

As _____(1) eram muito grandes, pois as suas mãos nem se viam dentro delas. O _____(2) também era maior do que a sua cabeça.

8. **O rei pediu para trazerem o cavalo. Preenche os espaços. Usa apenas uma palavra em cada espaço.**

a) O cavalo não era preto nem castanho, mas sim _____.

b) O dono do cavalo era _____.

c) O alfaiate era medroso. Por isso, quando viu o cavalo, ficou cheio de _____.

d) O alfaiate montou no cavalo com a ajuda dos _____.

9. **Preenche os espaços com uma das opções.**

O alfaiate tentou montar no cavalo _____(1) (uma/duas/três) vezes, mas só à _____(2) (primeira/segunda/terceira) vez é que conseguiu. O cavalo estava a ficar cada vez mais assustado e nervoso. No fim, o cavalo começou a _____(3) (saltar/caminhar/galopar) pelo campo, a toda a velocidade.

10. **Ordena as frases. Escreve os números de 1 a 5.**

a) Os soldados inimigos fugiram da batalha. ☐
b) O alfaiate, cheio de medo, gritava «Eu caio!» ☐
c) O alfaiate ganhou a batalha. ☐
d) O cavalo correu pelos campos muito assustado. ☐
e) Os soldados inimigos pensavam que era Dom Caio que vinha em cima do cavalo. ☐

11. **O que aconteceu a seguir? Liga para teres frases certas. Atenção: há duas opções a mais. Não vais precisar delas.**

- (1) casar a filha com o alfaiate.
- (2) matou todas as moscas.

a) O rei ficou satisfeito porque •

- (3) o alfaiate assustou o inimigo.
- (4) o alfaiate ganhou a batalha.

b) O rei prometeu •

- (5) oferecer moedas de ouro ao alfaiate.
- (6) fazer do alfaiate um príncipe.

Soluções

1. O Gato das Botas

1. a) esperto; b) dono; c) príncipe
2. b) (4); c) (5); d) (1); e) (2)
3. a) o filho mais novo; b) começou a falar; c) calçado
4. coelho; faisão (ou faisões)
5. (1) gato; (2) palácio; (3) animais; (4) rei
6. a) verdade; b) mentira; c) verdade; d) mentira; e) mentira
7. 2 b); 3 e); 4 a); 5 f); 6 c)

2. A Princesa e a ervilha

1. a) príncipe; b) princesa; c) rei; d) rainha
2. (1) andar; (2) pescar; (3) completa / total
3. (1) colchões; (2) ervilha; (3) princesa; (4) casamento
4. a) F; b) V; c) F; d) V; e) F; f) V

3. O Rei vai nu

1. (1) rico; (2) vaidoso; (3) vestir-se; (4) dinheiro
2. a) alfaiates; b) só as pessoas inteligentes conseguiam ver a roupa; c) acreditou nos dois homens; d) lhe fazerem um fato especial; e) desapareceram
3. (1) roupas; (2) ministro, secretário, rei; (3) alfaiates
4. b) (6); c) (1); d) (5); e) (7); f) (3); g) (2)
5. A: rei, rainha, princesas, Primeiro Ministro
   B: miúdo, velhote, mulher
6. (1) diziam; (2) vai; (3) riu (ou ria)

4. A Branca de Neve

1. a) (3) branco; b) (1) vermelho; c) (2) preto
2. a) F; b) V; c) F; d) F; e) F; f) V
3. a) 5; b) 4; c) 2; d) 3; e) 1
4. Palavras riscadas: a) caminho; b) gritou; c) mina; d) pintava
5. a) (2); b) (1); c) (5); d) (3); e) (4)
6. (1) tristes; (2) morta; (3) viva; (4) vermelhos
7. a) espelho; b) montanha; c) caixão; d) caminho; e) ramos; f) garganta
8. b), e)

5. Aladim e a lâmpada mágica

1. (1) roupas; (2) trabalhador; (3) nada; (4) preguiçoso
2. a) sim; b) não; c) sim; d) não; e) sim; f) não; g) sim
3. b) (5); c) (3); d) (2); e) (1)
4. a) anel; b) lâmpada
5. 1 (d); 2 (e); 3 (b); 4 (f); 5 (a); 6 (g); 7 (c); 8 (h)
6. (3)
7. b), c)
8. Génio do anel: (2), (7); Génio da lâmpada: (1), (3), (4), (5), (6)

6. Ali Babá e os quarenta ladrões

1. (1) irmãos; (2) Pérsia; (3) mal
2. a) Previsão de resposta: Porque o Ali Babá viu quarenta ladrões e teve medo.
   b) *Abre-te Sésamo!*
   c) *Fecha-te Sésamo!*
3. b)
4. a) F; b) V; c) V; d) V; e) F; f) F
5. a) (5); b) (3); c) (4); d) (2); e) (1)
6. d)
7. Frases com informações falsas: Ele disse-me logo que Cassim morreu assassinado; E disse-me também que morava lá uma irmã deles, chamada Morgiana.
8. a) vinte e um potes; b) só num pote; c) dormida; d) estavam ladrões dentro dos potes; e) dentro dos potes; f) fugiram para longe; g) assustou-se e desapareceu; h) inteligente.

7. Cinderela e o sapatinho de cristal

1. a) V; b) V; c) F; d) F; e) V
2. a) vaidosas; b) tarefas
3. a) 5; b) 3; c) 2; d) 4; e) 6; f) 1
4. a) (3); b) (5); c) (4); d) (2); e) (1)
5. Previsão de resposta: A Cinderela tinha de sair do baile à meia-noite.
6. Previsão de resposta: As pessoas olharam para a Cinderela porque ela era mais elegante.
7. Previsão de resposta: Eles pararam de dançar à meia-noite.
8. Previsão de resposta: Ela perdeu um sapatinho de cristal.
9. a) chão; b) baile; c) príncipe; d) cristal; e) pequeno

8. João e o pé de feijão

1. trabalhadores pobres
2. a) V; b) F; c) F; d) F; e) V
3. a) encontrou um velho; b) o feijoeiro ia crescer até ao céu; c) trocou a vaca por três feijões; d) muito zangada; e) semeou os feijões
4. (1) céu; (2) castelo; (3) gigante; (4) criado
5. a) (3); b) (1); c) (2)
6. a) O João cortou o tronco do feijoeiro.; b) O gigante caiu e fez um buraco no chão.
7. a) A galinha punha um ovo todos os dias.
   b) O João e a mãe ouviam a harpa a tocar todas as noites.

9. O flautista de Hamelin

1. a) chapéu; b) panela; c) pipo; d) bolso
2. a) b) d)
3. a) V; b) F; c) F; d) F; e) V; f) F; g) V
4. a) 7; b) 4; c) 3; d) 1; e) 2; f) 5; g) 6
5. c)
6. (1) tremer; (2) paralisados; (3) mudos; (4) montanha; (5) buraco; (6) nada

10. A Bela e o Monstro

1. a) Mercador; b) Doze filhos; c) Não; d) Ler livros; e) Porque era muito bonita
2. Previsão de resposta: A casa ardeu e os navios afundaram-se no mar.
3. a) (4); b) (3); c) (2); d) (1)
4. (1) carta; (2) porto; (3) vazio (ou destruído); (4) pobre
5. a) 5; b) 3; c) 6; d) 1; e) 2; f) 4; g) 7
6. a) (4); b) (3); c) (2); d) (1)
7. (1) palácio; (2) Bela; (3) mercador (ou pai)
8. a) F; b) V; c) F; d) V; e) F
9. Dois meses.
10. Previsão de resposta: A Bela viu o Monstro a morrer.
11. a) não encontrou o Monstro; b) começou a chorar; c) porque a Bela o amava; d) e foram felizes

11. A galinha ruiva

1. a) ruiva; b) minhocas; c) patas; d) atrás
2. c)
3. a) (3); b) (1); c) (2)
4. a) galinha; b) porco; c) rato; d) gato
5. 1 (c); 2 (d); 3 (e); 4 (b); 5 (a)
6. a) trabalhadora; b) preguiçosos
7. c)

12. A Capuchinho Vermelho

1. a) mãe, avó; b) prenda; c) vestida
2. a)
3. Informações falsas: «Olha sempre para a frente»; «Vais encontrar o lobo mau»
4. b)
5. a) lenhador; b) viajante; c) pastor
6. 1.º (b); 2.º (c); 3.º (a); 4.º (d)
7. a) orelhas; b) olhos; d) braços
8. (1) matou; (2) tirou; (3) lanche; (4) caçador; (5) fome

13. O patinho feio

1. a) F; b) F; c) V; d) V
2. (1) curiosos; (2) tamanho; (3) quinta
3. a) (3); b) (1); c) (2)
4. Previsão de resposta: O animal era grande, cinzento-escuro e feio.
5. Previsão de resposta: Porque ele não teve medo de entrar na água do lago.
6. Previsão de resposta: Os outros patos disseram que o filho mais novo era feio, esquisito e horroroso.
7. c)
8. a) patos; b) cães, caçadores
9. a) (5); b) (1); c) (4); d) (2)
10. a) velha; b) gato; c) patinho feio; d) galinha
11. 1.º (e); 2.º (c); 3.º (a); 4.º (d); 5.º (b)
12. Previsão de resposta: Porque as crianças disseram que ele era bonito.

14. O príncipe sapo

1. a) palácio; b) rei; c) bola
2. a) para perto do lago; b) desapareceu no lago; c) ficou muito triste; d) o mais importante
3. a) o sapo; b) a princesa; c) o rei
4. a) não; b) não; c) não; d) não; e) sim; f) sim; g) não; h) sim; i) não
5. noite
6. (1) repugnante; (2) tudo; (3) promessa
7. a) rei; b) princesa; c) sapo
8. 1.º (c); 2.º (e); 3.º (b); 4.º(d); 5.º (a)

15. Hansel e Gretel

1. a) (2), (7); b) (6); c) (1)
2. a) madrasta; b) pai (ou lenhador); c) pai (ou lenhador); d) madrasta
3. a) F; b) F; c) V; d) F; e) V; f) F; g) F; h) V
4. (1) floresta; (2) fechada; (3) migalhas; (4) pássaros
5. a) (3); b) (5); c) (6); d) (1); e) (4); f) (2)
6. velha, feia
7. Palavras riscadas: mal, pão, lindos, comidas
8. Previsão de resposta: A velha queria comer os meninos.
9. a) 2; b) 3; c) 1; d) 5; e) 6; f) 4
10. b)
11. a) nos bolsos; b) 72 horas; c) chorou de felicidade

16. A história da Carochinha

1. c)
2. Arranja mas é um marido…
3. (1) janela; (2) perguntava; (3) casar; (4) bonita
4. d)
5. a) POETA; b) ESCRITOR; c) JORNALISTA
6. Previsão de resposta: O noivo gostava muito de comer (ou era comilão).
7. feijões, couve, chouriço
8. (1) igreja; (2) cheirava; (3) escada; (4) rabo
9. a) F; b) F; c) V; d) V

17. Dom Caio

1. a) medrosa; b) valente (ou corajoso); c) alfaiate; d) soldado
2. a) (4); b) (3); c) (2); d) (1)
3. c) e f)
4. a) pequeno; b) magro
5. c)
6. O alfaiate ficou cheio de medo.
7. (1) mangas; (2) chapéu
8. a) branco; b) Dom Caio; c) medo; d) criados
9. (1) três; (2) terceira; (3) galopar
10. a) 4; b) 2; c) 5; d) 1; e) 3
11. a) (3), (4); b) (1), (6)

Glossário

A

Abanar: fazer movimentos rápidos para trás e para a frente. 98, 124

Abandonar: ir embora e deixar uma coisa que se estava a fazer. 126, 139

Abraçar: pôr os braços à volta de uma pessoa para mostrar que gostamos dela. 34, 37, 40, 97, 98, 114, 125, 126

Adormecer: começar a dormir. 26, 78, 121, 122

Aflição: estado em que alguém está aflito, preocupado, nervoso. 111

Afogar-se: afundar-se na água e morrer. 9, 71

Afundar-se: ir para debaixo de água. 76

Agradecer: dizer «obrigado». 9, 27, 28, 39, 58, 78, 79

Agulha: pequena peça de metal que serve para coser roupa. Numa ponta é afiada, na outra ponta tem um buraco para enfiar a linha. 18, 24

Alfaiate: pessoa que faz roupa. 17-21, 33, 34, 137-139

Alugar: pagar para poder usar uma coisa que é de outra pessoa. 77

Anel: metal em forma de círculo que se usa no dedo. 36, 37, 40

Ao pé: perto. 58, 66, 96

Apalpar: tocar várias vezes com os dedos ou a mão para examinar uma coisa. 125

Apetite: vontade de comer. 98

Armário: parte de mobília, com portas e prateleiras, que serve para guardar objetos. 64, 65, 69, 126

Asa (de pássaro): parte do corpo do pássaro que anda para baixo e para cima e que o faz voar. 104, 106

Assim que: quando, no momento em que. 80, 89, 97, 139

Atirar (qualquer coisa ao ar): usar a mão para mandar uma coisa pelo ar. 36, 110, 112

Azar: o contrário de sorte; má sorte. 66, 103, 110

Azeite: as oliveiras dão azeitonas e as azeitonas dão azeite. Usamos azeite para cozinhar. 49, 50

B

Bando de patos: muitos patos juntos. 103

Banquete: refeição com muita comida e comida muito boa. 38, 124

Barulho: som alto. 64, 81, 123

Batalha: luta entre dois exércitos inimigos. 138, 139

Bater palmas: aplaudir, bater com a parte de dentro das mãos (palmas) uma na outra, para mostrar que gostámos de um espetáculo. 20

Belo: bonito. 27, 76, 84

Bela: 25-28, 76, 77, 80-85

Bicho: animal. 78

Bico: parte curva e dura que faz parte da boca dos pássaros. 91, 102

Boda: festa de casamento. 30, 133

Boi: o macho da vaca. 131

Bolso: pequeno saco de pano, que faz parte das calças ou do casaco e que serve para pôr pequenos objetos (moedas, chaves, etc.). 35, 59, 63, 110

Bordar: fazer desenhos no pano, com linha e agulha. 24

C

Caçar: apanhar e matar animais da selva ou da floresta. 8, 13, 28

Caixão: uma caixa onde está o corpo morto de uma pessoa. 28, 29

Caixilho de janela: parte de madeira ou metal que está à volta dos vidros de uma janela. 24

Calar-se: não dizer nada. 65, 139

Caminho: por onde as pessoas podem caminhar para irem de um sítio para outro. 29, 36, 63, 77, 78, 96, 97, 119-126

Carinha: cara pequena, de criança. 124

Carne assada: carne cozinhada no forno. 38, 78

Caro: que custa muito dinheiro. 17, 77

Carroça: veículo com quatro rodas e sem cobertura, puxado por cavalo, usado para transportar coisas. 49

Carruagem: veículo puxado por cavalo, com cobertura. 9, 14, 57-60

Carvalho: nome de uma espécie de árvore. 97

Casca de ovo: a parte de fora e dura do ovo. 102

Cauda: parte de trás de um animal, que se mexe. 98

Cedinho: muito cedo. 65

Cesta: o mesmo que cesto. 95

Cesto: objeto com uma asa, feito de fios de madeira onde pomos coisas para transportar. 39, 47, 95, 96

Chapéu: peça de vestuário que usamos na cabeça. 69, 70, 110, 138

Glossário | 151

Cheirinho: quando respiramos e sentimos que o ar é bom e agradável. 91, 134

Chocar (ovos): a galinha, por exemplo, choca os ovos quando se põe em cima deles durante vários dias para depois nascerem pintainhos. 101, 102

Chouriço: um tipo de comida; trata-se de um tubo que tem lá dentro pedacinhos de carne. 133

Cisne: ave grande e branca, com o pescoço muito longo, que vive junto à água. 106

Clareira: sítio no meio de uma floresta, onde não há árvores. 77

Cobrir: pôr um pano por cima de alguma coisa. 38

Coelho: pequeno animal com orelhas grandes e pelo fofo. 8

Colchão: parte da cama, feita de material fofo, usado para dormirmos confortavelmente. 14, 15

Colher: cortar o trigo; apanhar. 90, 92

Comilão: aquele que come muito. 89, 133

Confuso: a pessoa confusa tem ideias sem lógica nem racionalidade. 19

Convidados: pessoas que são chamadas a ir a uma festa. 58, 134

Convidar: pedir a alguém para ir à nossa festa. 10, 30, 57

Convite: carta em que alguém convida uma pessoa. 30, 57

Coração: órgão situado no peito que faz o sangue circular pelo corpo. 29, 85, 121

Corajoso: que não tem medo. 70, 113, 137, 139

Coreto: estrutura redonda, numa praça, onde os músicos tocam. 70

Corredor: passagem dentro de uma casa, com portas de um lado e do outro. 81

Cortar o coração: quando alguma coisa nos deixa muito tristes, essa coisa "corta-nos o coração". 121

Cortar: usar a tesoura ou faca para separar uma coisa (pano ou papel, por exemplo) em duas ou mais partes. 18

Coser: juntar duas partes de pano, usando a linha e a agulha. 18, 33

Criado: pessoa que trabalha na casa de uma pessoa rica. 25-27, 29, 40, 47, 56, 64, 75, 76, 139

Cumprir uma promessa; cumprir o que prometeu: a pessoa cumpre uma promessa quando faz aquilo que disse que fazia. 84, 113

Curandeiro: pessoa que cura, que faz remédios. 48, 49

Curioso: pessoa que quer saber tudo. 38, 46, 101

D

Dar à luz: quando uma mulher dá à luz uma criança, ela torna-se mãe dessa criança. 24

De então: dessa altura, desse tempo. 126

Dedal: pequena peça de metal que pomos na ponta do dedo para não sermos picados pela agulha quando estamos a coser roupa. 18

Deixar a panela ao lume: se deixamos uma panela ao lume quer dizer que o fogão está aceso e a comida continua a cozer na panela. 133

Desconfiado: ficamos desconfiados quando pensamos que outra pessoa nos pode estar a mentir. 14, 36, 47

Desesperado: aflito, muito preocupado. 79, 83

Desfile: festa oficial em que algumas pessoas caminham umas atrás das outras, pela rua. 20, 21

Despedir-se: dizer adeus a uma pessoa. 81, 97

Despir-se: tirar a roupa. 9

Dividir (o pão): partir em dois pedaços. 122

Dom: palavra que se põe antes do nome de um homem para dizer que ele é uma pessoa importante. 137-139

E

Ébano: madeira muito preta. 24, 25

Elegância: qualidade daquele que é elegante. 106

Elegante: uma coisa ou pessoa elegante é porque é bela e atraente. 56, 58, 113, 133

Elogiar: dizer bem de uma pessoa. 139

Encantador: belo e agradável. 82

Engolir: engolimos a comida quando ela passa da boca para a garganta e depois para o estômago. 97

Engordar (um animal ou uma pessoa): dar-lhe de comer para ele ficar gordo. 124

Enorme: muito grande. 63

Envergonhado: quando pessoa que sente vergonha fica envergonhada. Sentir vergonha: sentir-se nervoso, porque se fez ou tem alguma coisa errada. 85, 106

Erva: uma planta verde muito comum que cobre o chão. 104

Escadas: conjunto de degraus, para pôr um pé e outro pé, para subir ou descer. 36, 78, 80, 81, 134

Esfregar as mãos: pressionar e movimentar as mãos uma na outra. 37, 40

Espantado: quando acontece alguma coisa de que não estamos à espera, ficamos espantados ou admirados. 8, 14, 29, 35, 48, 59, 66, 113, 114, 121

Glossário | 153

Espelho: vidro especial em que podemos ver a nossa cara. 20, 25, 27

Esperança: uma pessoa com esperança é uma pessoa que espera ou acredita que uma coisa boa vai acontecer. 91, 133

Espetacular: fantástico, magnífico. 85

Espingarda: arma que dispara balas, usada na guerra ou na caça. 98

Esplendoroso: muito bonito e muito caro. 77, 82

Espreitar pelo buraco da fechadura: olhar secretamente através do buraco da porta onde se mete a chave. 65

Esquisito: estranho. 34, 70, 97, 103, 123

Estranho: diferente dos outros. 34, 96, 98

Esvaziar: tirar para fora tudo o que está dentro de uma coisa; tornar vazio. 126

Exército: grupo de soldados. 138, 139

Explorador: pessoa que explora outra, i. e., que a trata de uma maneira injusta para lhe tirar dinheiro. 71

F

Fada: criatura imaginária com poderes mágicos, semelhante a uma pessoa pequenina com asas. 57, 58

Faisão: pássaro grande, com várias cores e com uma grande cauda, que é caçado como desporto ou para comer. 9

Farda militar: roupa que os soldados vestem. 138

Farinha: pó branco que resulta de se moer (esmagar) o grão. 90, 91

Fazer a vontade a alguém: quando uma pessoa faz a vontade a outra pessoa, faz aquilo que ela quer. 85

Fazer uma vénia: dobrar o corpo até ao peito, para mostrar respeito por uma pessoa. 9, 10, 58

Feijão: semente seca, que é cozinhada e que alimenta muito. 62, 63, 124, 133

Feijoeiro: planta que dá feijões. 63, 66

Feira: sítio ao ar livre, onde se compra e vende vários produtos. 62

Ferro: tipo de metal. 125

Ferver: um líquido ferve quando chega aos 100°. 50

Fila: várias pessoas (ou animais) umas atrás das outras, formando uma longa linha. 71, 72

Fingir: mostrar fazer uma coisa, mas não fazer realmente essa coisa. 18, 20, 39, 46, 48, 49, 80, 97, 121, 137

Fogueira: pequeno conjunto de pedaços de madeira que arde para dar calor. 35, 36, 119, 122

Folha: parte pequena, plana e verde que cresce numa árvore ou planta. 63, 105, 121

Forno: equipamento que se aquece para cozinhar os alimentos. 91, 125

Frenético: muito rápido e com muita energia. 70

Frota: conjunto de barcos. 75

Fundo do pote: parte de baixo do pote; a parte de fora do fundo do pote toca no chão. 46

G

Galopar: o cavalo corre ou galopa. 139

Garganta: área por detrás da boca e dentro do pescoço. 29

Gaveta: parte de uma peça de mobília, que pode ser puxada para fora e empurrada para dentro, e que serve para guardar coisas. 69, 70

General: chefe de um exército. 138

Génio: espírito com poderes mágicos, das histórias tradicionais do Médio Oriente. 37-41

Grelhado: comida cozinhada na grelha. 38, 64, 78

Gritar: falar muito alto. 9, 20, 37, 69, 120, 121, 125, 139

Gruta: grande buraco dentro de um monte. 36, 37, 45-48,

Guarda do palácio: pessoa que protege o palácio. 9

Guerra: quando os países lutam uns contra os outros e usam os seus exércitos. 138, 139

Guloso: pessoa que gosta de comer comida com açúcar. 130

H

Harpa: instrumento musical feito de cordas esticadas numa grande estrutura de madeira, em forma de triângulo. 65, 66

Herança: dinheiro, casa ou terra que os pais, quando morrem, deixam aos filhos. 76

Hospitalidade: receber alguém em nossa casa, dar-lhe de comer e de dormir, é ter hospitalidade ou ser hospitaleiro. 78, 79

I

Igreja: edifício onde os cristãos vão à missa ouvir o padre. 133, 134

Imediatamente: logo; no momento a seguir. 78

Imitar: fazer a mesma coisa que outra pessoa faz. 101

Impostor: pessoa que mente, que engana. 21

Incêndio: quando uma floresta arde de uma maneira descontrolada. 76

Ir em direção a: ir para próximo de um sítio. 44,

J

Jaula: uma espécie de caixa com ripas de madeira ou metal para pôr pássaros ou outros animais. 124, 125

Joanete: área inchada de lado do dedo grande do pé, que dói. 59

Joia: pedra dura, colorida e brilhante, muito valiosa. 38, 39, 56, 75-77, 111, 126, 131

L

Lama: mistura de água com terra. 90

Lamparina: lâmpada. 50

Lareira: sítio de uma casa onde há uma fogueira. 58, 78, 80

Leme: roda usada para pôr o barco a andar na direção que se quer. 77

Lenha: madeira que serve para fazer uma fogueira. 44, 64, 120, 125

Lenhador: pessoa que tem por profissão cortar árvores na floresta para fazer lenha. 96, 118, 119, 121

Livre vontade: quando além faz uma coisa de sua livre vontade, faz essa coisa porque quer; não a faz por ser obrigado (ou forçado) a fazê-la. 79, 81

Loja: sítio onde se vendem e compram coisas. 35

M

Machado: instrumento usado para cortar árvores; tem um cabo de madeira e uma lâmina de metal, pesada e afiada. 66

Madrasta: mulher que se casa com o nosso pai, mas que não é nossa mãe. 56, 57, 59, 60, 119-122, 126

Madrinha: se uma criança é batizada, tem um padrinho e uma madrinha. O padrinho e a madrinha prometem proteger a criança durante a sua vida. 57, 58

Maluco: tolo. 38

Mana: irmã. 122

Manga: parte da roupa que cobre o braço. 138

Mato: campo com ervas e pequenas plantas. 104

Medalha: pequeno objeto de metal redondo que se dá a uma pessoa quando ela ganha uma competição ou faz qualquer coisa corajosa. 20, 21

Mercador: comerciante; que vende mercadorias; vendedor. 75-81

Mercadoria: produto que se compra e vende. 75-77

Mesa vazia: mesa sem nada em cima. 19

Migalha: pequenino pedaço de pão; quando comemos pão, ficam migalhas na mesa ou no chão. 122

Minas de ouro: buraco na terra que os mineiros fazem para encontrar ouro. 26

Minhoca: verme que anda debaixo da terra. 89, 90

Miséria: muita pobreza; ficar na miséria é ficar muito pobre. 76

Miúdo: criança. 20, 124, 125

Moeda: metal redondo com desenhos e números usado como dinheiro. 18, 45, 46, 70, 71, 119, 130, 131

Moinho: sítio onde o grão é transformado em farinha. 91, 92

Molhado: com muita água; o contrário de «seco». 14, 104

Montanha: monte muito alto. 26, 27, 72

Mosca: inseto muito comum, com asas, em geral, preto. 137

Mudo: sem conseguir falar. 72, 114

Multidão: muitas pessoas, todas juntas. 20, 70

N

Ninho: estrutura que os pássaros fazem para porem os ovos e onde depois nascem os passarinhos. 102

Noiva: mulher que se vai casar. 30

Noivo: homem que se vai casar. 132, 133, 134

Novamente: outra vez. 48, 111, 112

Num instante: muito rapidamente. 40, 71

O

Obrigar: forçar alguém a fazer uma coisa que ela não quer. 79

Odiar: o contrário de «amar». 83

Ogre: pessoa muito grande, assustadora, feia e cruel que aparece nas histórias para crianças. 10

Ouro: metal de cor amarela que vale muito dinheiro. 18, 20, 21, 26, 28, 38, 45-47, 65, 66, 70, 71, 110-112

P

Pá: objeto que serve para tirar terra, fazendo um buraco; de um lado tem uma asa, do outro lado, tem uma parte de metal larga e plana. 45

Palácio: edifício muito grande onde mora o rei. 9, 10, 13, 14, 17-20, 27-29, 38-41, 57-59, 77-81, 84, 110-112, 114, 138

Panela: objeto (recipiente) de metal com tampa que serve para cozinhar. 50, 69, 133, 134

Pano: material com que se faz roupa, cortinas, etc. 18, 37, 38

Paralisado: sem se conseguir mexer. 72

Partir: ir embora. 71, 83, 84, 120, 122

Pata: fêmea do pato. 101-105

Pátio: parte de fora de uma casa, sem jardim. 49-51

Pau: o mesmo que ramo. 35, 120

Pé (de uma planta): pequeno tronco de uma planta. 62, 69

Pegar fogo: começar a arder. 76

Peixe grelhado: peixe cozinhado na grelha. 38, 78

Peludo: com pelos. 98

Penas: aquilo que cobre o corpo dos pássaros. 70, 103

Pentear: usar o pente no cabelo. 57

Peru: ave (pássaro) grande, parecido com a galinha; não tem penas na cabeça. 102, 103

Pescar: apanhar peixes no rio ou no mar. 13

Pipo: recipiente grande e redondo, de madeira, como tiras de metal à volta, para guardar vinho. 69

Pó: bocadinhos muito pequenos de terra seca. 35, 36

Ponte: construção para permitir a passagem de um lado para o outro do rio. 97

Porém: mas. 76, 77

Pote: objeto comprido para conter líquido ou cereais. 46, 49, 50

Pousar: quando um pássaro (ou qualquer coisa que voa) deixa de voar e põe as patas no chão ou num telhado, diz-se que pousa no chão ou pousa no telhado. 123, 137

Povo: pessoas que vivem numa terra ou país. 20

Praça: área grande, sem prédios, no centro de uma cidade. 69, 70, 71, 72

Prata: metal de cor cinzenta; vale dinheiro, mas menos do que o ouro. 45, 119

Prenda: presente. 77, 80, 95

Presente: uma coisa que damos a alguém no seu aniversário. 9, 34, 38

Proa: parte da frente de um barco. 77

Prometer: se prometemos uma coisa a alguém, dizemos-lhe que, de certeza, vamos fazer essa coisa no futuro. 79, 83

R

Rabo (de rato): o mesmo que cauda. 134

Ramo: parte da árvore que cresce a partir do tronco, com folhas, flores e fruto. 29, 82

Ratar: tirar e comer bocadinhos de pão, fruta ou outro alimento qualquer. 69

Ratoeira: pequeno objeto de madeira e metal, para apanhar ratos. 69

Refrescar: ficar mais fresco; fugir ao calor. 49, 66, 137

Regar: deitar água. 90

Regressar: voltar para o sítio de onde se saiu. 81

Repugnante: uma coisa repugnante é uma coisa que ninguém quer ver ou em que ninguém quer tocar, pois é muito desagradável. 111

Ressonar: fazer barulho a respirar enquanto se dorme. 65, 132

Ridículo: que faz rir. 138

Rocha: pedra. 45

Rosado: com a pele cor de rosa. 64, 124

Ruivo: com cabelo (ou penas) vermelho. 89

S

Sebo: gordura da carne de um animal. 46

Só: sozinho. 105

Soldado: pessoa que faz parte de um exército. 138

Sortudo: pessoa com sorte. 130

Sultão: chefe árabe de um território. 38-41

T

Tabuleiro: objeto plano, feito de madeira, metal ou plástico, que serve para transportar coisas, como pratos, copos ou comida. 38, 39

Tamanho: se uma coisa é grande, o seu tamanho é grande; se uma coisa é pequena, o seu tamanho é pequeno. 101, 102

Tampa: o que se põe por cima de um recipiente para o fechar (tampar). 50

Telha: uma peça plana que, juntamente com muitas outras, formam o telhado. 123

Tenro: fácil de mastigar e comer. 64

Ter pena de uma pessoa: sentir-se triste porque outra pessoa está mal. 27

Ter razão: dizer coisas que estão certas. 63, 92, 113

Ter saudades: sentir falta de alguma pessoa ou coisa e ficar muito triste por causa disso. 76, 126

Tesoura: instrumento que serve para cortar papel ou pano, por exemplo, e que tem duas lâminas que se apertam. 18

Tesouro: conjunto de pedras preciosas, peças de ouro e prata. 36, 46-48

Teto: a parte de cima de uma sala, quarto, cozinha etc. 82

Tremer: fazer pequenos movimentos rápidos, para um lado para o outro, para cima e para baixo. 72, 81, 104, 139

Trigo: tipo de cereal. 89-92

Tronco: parte principal de uma árvore. 63, 66, 121

Tropeçar: bater com o pé em qualquer coisa. 29

Trovão: som forte que se ouve em noites de tempestade. 14

U

Uma jovem: mulher nova ou homem novo. 83

V

Vaidoso: a pessoa vaidosa acha que é sempre mais bonita ou mais inteligente do que as outras. 17, 25, 56, 131

Valente: corajoso. 137, 138

Varrer: limpar o chão com a vassoura. 59, 130

Velas (de barco): pano que se prende a um longo de um pau (mastro); com as velas, o barco é empurrado pelo vento. 77

Veneno: substância que pode matar se a bebermos, comermos ou cheirarmos. 27, 69

Véspera: dia anterior. 84

Vibrante: vivo e forte. 70

Vintém: moeda antiga. 130

Viúva: mulher a quem morreu o marido. **Viúvo:** homem a quem morreu a mulher. 62, 118

Vizinha: a pessoa que mora perto da nossa casa é nossa vizinha. 130, 131, 133

Voador: que consegue voar. 103-104

X

'arope: líquido grosso e doce que se dá às pessoas doentes para elas ficarem boas. 48

: sítio, lugar. 139